U0094795

THE CAVE CASE

洞穴公案

A Thought Experiment of the Traditional Chinese Legal Culture

一件孝子殺人救父的駭人奇案，
一場倫理與法律衝突兩難的中華法系思想實驗

秦濤 著

目次

導言

假如「洞穴奇案」在中國

◆「洞穴」深處的誘惑

雖然我的本科[1]不是法學，但和許多法本學生一樣，在法理學課堂聽到了著名的法律虛構案例「洞穴奇案」。出於致敬，更為了後續研討的便利，將該案簡述如下：

西元四二九九年五月上旬，紐卡斯國的五名業餘探險者因山崩被困於一個洞穴。救援人員抵達現場，開展營救。因事發地點偏遠，山崩接連發生，救援難度極大。救援工

1 編按：大陸稱大學部學士班為「本科」。

作不僅付出了巨大的物質代價，還有十名救援人員因一次山崩而遇難。在被困的第二十天，救援隊才得知被困的探險者隨身攜帶著一個無線電設備，便立即設法與洞內取得聯繫。

被困的探險者詢問：還要多久才能獲救？工程師回答：至少十天。受困者問：他們隨身攜帶的少量食物早已吃光，在沒有食物的情況下，有沒有可能再活十天？醫生回答：可能性微乎其微。洞內沉默了。八小時後，通信恢復，洞內又問：如果吃掉一名成員的血肉，能否再活十天？儘管很不情願，醫生還是給予了肯定的答覆。洞內又問：透過抽籤決定誰應該被吃掉，是否可行？包括醫生、法官、政府官員、神職人員在內，沒有人願意對此提供意見。之後，洞內再也沒有傳來任何消息，大家誤以為是無線電設備電池用完了。在被困的第三十二天，受困者終於被救。但其中一名成員威特莫爾，已經被其他四人吃掉。

四名受困者的證詞表明：是威特莫爾提出了抽籤吃掉一名成員以讓其餘四人活命的想法。五人反覆討論了抽籤的公平性，最終一致同意以擲骰子決定生死命運。但是擲骰子之前，威特莫爾忽然撤回約定。他認為應該再等一個星期。其他人指責他出爾反爾，堅持繼續擲骰子。輪到威特莫爾時，一名成員替他擲骰子，並詢問是否認同投擲的公平性。威特莫爾沒有表示異議。結果威特莫爾被抽中，他被同伴殺死吃掉了。

其他四名成員以謀殺罪被告上法庭，初審法院認定罪名成立，判處絞刑。被告不服，上訴到最高法院。[2]

「洞穴奇案」是美國法學家朗・富勒（Lon L. Fuller）的傑作。他可能是以一八四二年美國訴霍爾姆斯案、一八八四年英國女王訴杜德利與斯蒂芬案為原型，創作了《洞穴探險者案》（*The Case of the Speluncean Explorers*），在一九四九年發表於《哈佛法律評論》。[3]儘管本案被譽為「史上最偉大的法律虛構案」，但該文的主體並非案例，而是五位法官的陳詞。案例與陳詞，有兩個容易被初學者忽視的設定：

2 案情參見〔美〕彼得・薩伯《洞穴奇案》，陳福勇、張世泰譯，北京：九州出版社，二〇二〇年，第二一六頁。

3 案件原型參見薩伯撰寫的導言〈奇案背後的法理思考〉。

第一，法官沒有自由量刑的權力。

很多中國讀者看完本案，第一反應是：四名被告於法有罪，於情可憫，死罪可免，活罪難饒。這是在用一種中國式的便宜策略，對本案進行情理法的折中，從而取消富勒的嚴肅設問。但是須知，在紐卡斯國，「在刑罰問題上，聯邦法律並不允許法官有自由裁量的餘地」。而《紐卡斯聯邦法典》第十二條A款規定：「任何故意剝奪他人生命的人都必須被判處死刑。」[4]所以，如果法官認定四名被告屬於「故意剝奪他人生命的人」，從邏輯上就必然得出「必須被判處死刑」的結論。接受了這個設定，中國式的便宜策略便失去了用武之地，富勒精心結撰的法官陳詞才得以凸顯出意義。

第二，紐卡斯聯邦有獨特的法律史。

儘管富勒設計的紐卡斯聯邦近乎架空，時代背景也盡量進行了虛化處理，但法官們的陳詞仍然顯示：該國有獨特的法律史。法官們陳述的法理，不是空想的、永恆的定律，而是特定法律史的時代產物。

首先，本案的審理發生於西元四三〇〇年。富勒的〈後記〉特別提醒：「我們距離四三〇〇年的時間，大約相當於伯里克里斯時期[5]距離現今的時間。」這麼長的時間跨度，既是為了阻斷（我們所生活的）現實對該案的影響，也為現時代的法理學賦予了相當於古希臘思想之於今日的古典意義。（事實上，福斯特法官的陳詞的確將一六〇〇年到一九〇〇年間的思想家稱為「古典思想家」。）儘管未必隨時察覺，在今日的西方，誰能擺脫古典時代的巨大投影呢？

其次，紐卡斯聯邦的立國之基，是大毀滅的倖存者們締結的契約。福斯特法官的陳詞特別提道：「我們有決定性的考古學證據證實，在大螺旋之後的第一時期，大毀滅的倖存者自願集合起來起草一份政府憲章。」[6]

最後，紐卡斯聯邦會爆發一場針對司法機關的內戰。基恩法官陳詞提及：大約在西

4《洞穴奇案》，第六頁。

5 編按：古希臘的一個歷史時期，始於波希戰爭，終於伯里克里斯離世或伯羅奔尼撒戰爭結束，大約在西元前四八〇年至至前四〇四年。

6 參見《洞穴奇案》，第一一—一二頁。

元三九〇〇年之前，紐卡斯聯邦曾爆發一場「短暫的國內戰爭」，這是聯邦歷史上「不體面」的「悲劇」。「該戰爭是由司法機關作為一方，與行政和立法機關共同作為另一方之間的衝突所引起的。」原因是在內戰之前，司法機關權力過大，「法官事實上可以立法」，當然還包括「時任首席法官的性格魅力和廣受擁戴的程度」等因素。這次內戰，確立了紐卡斯聯邦政體中的「立法至上原則」，以及引申出來的「法官有義務忠實適用法律條文」等。[7]

儘管富勒和薩伯還虛構了若干可供最高法院參考的判例，但毋庸置疑，這些判例對本案的影響只是技術性的，而法律史的影響則是規定性的。不難發現，紐卡斯聯邦的原型就是美國。「大螺旋」是流放、殖民與獨立戰爭，「締結契約」是制憲會議，「內戰」是南北戰爭。歐洲的法哲學，對於美國，不啻是「古典思想」。更不必說本案的司法程序與英美法系的相似之處了。

簡而言之，儘管〈後記〉強調「本案並無刻意關注與當代的相似點，所有那些力求對號入座的讀者，應被提醒他陷入了自己設置的陷阱之中」，但是如果不察覺富勒或精心或無意設計的「與當代的相似點」，那麼讀者將陷入富勒設置的陷阱之中而不能自覺。我經過十餘年的閱讀與思考，才察覺到這一點。先按下不表，讓我們回到我本科的時代。

法理學老師講完驚心動魄的案件與異彩紛呈的陳詞，便笑瞇瞇地向我們發出邀請：「希望你們能給出第十五個觀點。」事實上，這份邀請來自《洞穴奇案》本身，或曰來自「洞穴」深處的誘惑。早在一九九八年（《洞穴探險者案》發表五十年後），美國法學學者彼得．薩伯便巧妙地追加了一名倖存的被告，延續「洞穴奇案」的討論，新增九份法官陳詞，反映了法哲學的最新發展。今天中譯本《洞穴奇案》便是由富勒與薩伯的十四份陳詞構成的，所以法理學老師期待的是「第十五個觀點」。

我深知自己不具備外語能力，無從知曉西方法哲學有沒有發展出「第十五個觀點」。我也模糊感覺到中文世界的現代法學缺乏原創性，大概不容易給出「第十五個觀點」。

7 參見《洞穴奇案》，第二六—二七頁。其他法官的陳詞，對「大螺旋」與內戰的細節也有若干補充，此處不贅。

本科生的思維，慣於在自己構造的「古今中西」之間穿梭。排除法的結論，我只能乞靈於中國的古哲：假如孔孟老莊遇到「洞穴奇案」，他們會給出怎樣的判決？

我深信，以軸心時代中國思想的原創性，應該有能力給出「第十五個觀點」；但我當時並沒有料到，當我冒出這個念頭之時，我已經被源自「洞穴」深處的誘惑牽引著，一步一步深入了富勒的陷阱。

那個阱口，不可能望見中國的天空。除非幻視。

◆假如「洞穴奇案」發生在中國古代

我把「洞穴奇案」當至寶一般拿回中國古代，請來孔、孟、老、莊、商、韓團桌圍坐，幫忙掌眼。孔、孟拿起「洞穴奇案」，皺著老眉略看了看，仍放回原處，露出狐疑而納悶的神情。商、韓連碰一下的興趣都沒有，直截了當地說：「假的！」老、莊則乾脆打起了哈欠。

以上便是我在中國古代碰的釘子。

我的工作程序是：仔細翻查先秦諸子，將與本案稍有聯繫的詞句劃出來。其中，法家的結論最直截了當：既然違反法條，就應當依法論處。管你山崩海嘯擲骰子無線電工程師醫生神父社會契約大螺旋內戰……富勒精心設計的一切細節，在法家眼中全成了毫無意義的花招。

儒家的態度稍微曖昧一些，但也無非顛來倒去幾個「情理法」之類的空洞概念。歸根結柢，仍是「法無可恕，情有可矜，死罪可免，活罪難饒」。案情的總體架構，在儒家眼中有一定意義，體現了情理法的衝突，但也僅此而已。甚至儒家經典與本案關聯最大的一句話，也許是：「父母在，不遠遊，遊必有方」——你們上有老，下有小，不好好在家父慈子孝享盡天倫之樂，非要跑到那麼偏遠、那麼危險的山洞裡去幹什麼呢？不僅令家人擔心，還浪費國家資源，簡直自作孽不可活！

道家則與本案像兩條平行線，望到世界盡頭，也看不到交叉的可能。

也許是我學力有限吧，也可能中國古代的「法學」確實技不如人吧，也可能中國古代的思想屬「實用理性」，對這種玄虛的思想實驗不感興趣吧。我這樣想著，姑且將本案束之高閣，開始了法律史學的讀碩與讀博生涯。正確的典範猶如鋒利的剃刀，將一切不符合學術訓練的異想天開剃成一片不毛之地。「假如洞穴奇案發生在中國古代」的荒唐念頭自然也無從倖免。但它不著急，它深根寧極，耐心等待破土而出的時機。

在後來的讀書中，我逐漸發現：「思想實驗」並非西人的專利，也是中國古人常用的辦法。不過古人的思想實驗大多比較簡單，近似「譬喻」。以《孟子》為例。孟子為了說明人心皆有「不忍人之心」（仁之端），用十個字設計了一個精巧的思想實驗：「今人乍見孺子將入於井。」字數很少，卻有四個設定：「人」，是主體的限定，因為這個思想實驗探討的是「人之異於禽獸」的地方；「乍見」，是時機的限定，突然看見，第一反應，沒有權衡利弊的餘地；「孺子」，是對象的限定，最單純的小孩，還沒有作惡的可能與複雜的經歷，也就是最純粹意義上的抽象的人；「將入於井」，事情的限定，千鈞一髮之際。這個思想實驗逼出的真相是：「皆有怵惕惻隱之心。」當此之際，間不容髮，捫心自問：人（即便忍心如商鞅、韓非）的第二反應，可能是事不關己、拒絕施救，但第一反應是不是「怵惕惻隱」呢？

再比如，孟子的弟子桃應曾設計一個著名的思想實驗，在二十一世紀初還引發了哲學界與法學界的激烈討論：假如天子舜的父親瞽瞍殺人，法官皋陶要捉拿瞽瞍，舜身兼公的天子與私的人子雙重社會身分，應當怎麼做？這就是著名的「竊負而逃」的思想實驗。

甚至於有些學派的立說基礎，就是思想實驗。例如孟子極力抨擊的楊朱，其學說早已失傳，其學說立足的思想實驗卻膾炙人口：「拔一毛以利天下，為不為？」思想實驗的價值，不在於設計者的解答，而在於提問能否衡量出各個學派的分歧與高下。楊朱的回答（不為）雖然被孟子排擊，但並不影響提問的質量。此外，名家的思想實驗如「一尺之棰，日取其半」之類，更是數不勝數。

到了魏晉玄學興起之際，人們已經十分擅長透過虛擬法律案例，來研討實際的法律難題。《晉書・禮志》記載：西晉有個男子，在沒有離婚的情況下，違反婚制先後娶了兩位嫡妻。先娶的妻子死後，後娶的妻子的兒子不知應當遵守何種喪禮。中書令張華就「造甲乙之問」，也就是虛構了以甲、乙、丙為主角的典型案例，來探討這個難題。與真實案例不同，虛擬案例（甲乙之問）中的人物、情節可以根據研討需要，隨意增刪變更。傳世所謂「董仲舒《春秋》決獄」的案例，大多呈現「甲乙之問」的形態，未必不是「造甲乙之問」、虛擬思想實驗的產物。[8]

由此可見，中國古人並非不擅長虛擬思辨、兩難取捨的思想實驗。既然如此，為什麼他們對「洞穴奇案」沒有興趣？或者換個思考角度，他們對什麼「奇案」感興趣？

思考至此，豁然開朗。古人感興趣的「奇案」，非常容易找到。就以漢代《春秋》決獄為例：子不知對方是生父的情況下蓄意毆打，或者子為救父而失手誤毆，是否適用「毆父梟首」的漢律？養父藏匿犯罪的養子，是否適用「匿子不當坐」的法條？丈夫毆打婆婆，媳婦殺夫，是否構成犯罪？後妻殺夫的情況下，前妻之子殺後妻，是否構成「弒母」？……類似案例可以無休止地羅列下去，共同特徵也一目了然——人倫。

中國古人的法律興奮點是「人倫」，尤其是不同層次的人倫價值的衝突。困擾古人的法律難題，無論「嫂溺，叔是否援之以手」（禮儀與人性衝突），「舜父犯罪，舜怎麼辦」（天子角色與人子角色衝突），「拔一毛以利天下，為不為」（私利與公利衝突），都是不同層次的人倫價值之衝突。而最兩難的衝突，就是家父與國君的衝突。中華法系最引人入勝的內核，包括復仇問題、親親相隱問題，無不是這一核心衝突的外顯。在朝廷的大議之中，開疆拓土、理財興利，常常虛應故事、敷衍了事；一旦涉及人倫，朝臣個個如打了雞血，梗著脖子直言進諫。北宋的「濮議」、明代的「大禮議」，因過繼而即位的皇帝應當對生父執何種禮儀，在現代人看來甚屬無謂的繁文縟節，滿朝文武卻視如國之存亡的大事，進行曠日持久的激辯，甚至獻出生命亦在所不惜。

假如把這些問題作為法律「奇案」來拷問西方的哲人，他們會怎樣回答呢？

嫂溺，叔援以手嗎？當然。

舜父犯罪，舜怎麼辦？申請回避。

丈夫毆打婆婆，媳婦殺夫，是否構成犯罪？構成。

---

8 代表性的觀點參見張伯元〈「春秋決獄」考續貂〉，載《律注文獻叢考》，北京：社會科學文獻出版社，二〇一六年，第六四—七八頁。

後媽殺父，殺死後媽是否構成「弒母」？構成故意殺人罪，「弒」只是修辭，沒有法律意義……

中國古人看來無比艱難的法律「奇案」，在西方學者眼中大多簡單得令人困惑。正如中國古哲面對「洞穴奇案」，近乎集體失語。「放之四海而皆準」似乎沒有那麼容易，「易地而皆然」倒是真的。

西諺有云：「甲之佳肴，或為乙之毒藥。」套用這個句式，甲之奇案，或為乙之扯淡。奇案，是特定法文化的產物。奇案之奇，來自特定法文化獨有的價值衝突。當奇案從特定法文化的意義脈絡之網中拔出，孤零零地投入另一個法文化之中，「奇」也就隱沒不見，而徒顯其「怪」了。

所以，富勒的「洞穴奇案」並非用以衡量一切法文化成色的試金石。恰恰相反，「洞穴奇案」是為現代西方的法律文明量身訂製、精心織就的。「洞穴奇案」的一切細節，都是這個法文化的產物，都符合這個法文化的審美，所以能令西方各個法學流派嘖嘖賞歎、拍案驚奇。

「洞穴奇案」是「富勒陷阱」的井底之蛙。

想通了這一點，當年的念頭終於破土而出。不過，不再是「假如洞穴奇案發生在中國古代，將會得到怎樣的審判」，而是——

假如為中華法系編織一個自己的洞穴奇案，將會有怎樣的案情？

有趣的是，當我萌生這個念頭的時候，它就在那裡了。

◆中國古代自有「洞穴奇案」

「銀色白額馬」案件中，福爾摩斯在茫茫大草原上找到了半根還沒有燃盡的火柴梗。隨行的警長懊喪地說：「我怎麼就沒有找到。」福爾摩斯說：「我之所以能找到它，是因為我在特意找它。」[9] 當我特意尋找中華法系自己的「洞穴奇案」時，我一下子就找到

9〔英〕阿瑟・柯南・道爾著，〔美〕萊斯利・S・克林格編著：《福爾摩斯探案全集諾頓注釋本》第一卷〈回憶錄〉，黃亞、劉臻譯，長沙：湖南文藝出版社，二〇一二年，第一七頁。

了它。

西晉傅玄著有一部《傅子》，已經亡佚。所幸其中一個案件，留存在唐人編纂的《意林》之中。以下全引原文，【】內是我添加的結構提示詞：

【案情】漢末有管秋陽者，與弟及伴一人，避亂俱行。天雨雪，糧絕。謂其弟曰：「今不食伴，則三人俱死。」乃與弟共殺之，得糧達舍。後遇赦無罪。

【提問】此人可謂善士乎？

【論辯】孔文舉曰：「管秋陽愛先人遺體，食伴無嫌也。」荀侍中難曰：「秋陽貪生殺生，豈不罪邪？」文舉曰：「此伴非會友也。若管仲啖鮑叔，貢禹食王陽，此則不可。向所殺者，猶鳥獸而能言耳。今有犬齧一狸，狸齧一鸚鵡，何足怪也！昔重耳戀齊女，而欲食狐偃；叔敖怒楚師，而欲食伍參。賢哲之忿，猶欲啖人，而況遭窮者乎！」[10]

先簡單翻譯一下。東漢末年，天下大亂。有個叫管秋陽的人，和他的弟弟，還有一名同伴，三人一起避難遠行。逃難途中，下起了大雪，斷糧，沒有食物可吃。在絕境之中，管秋陽對弟弟說：「為今之計，只有吃掉這名同伴，否則三個人都會餓死。」於是兄弟二人聯手殺死了同伴，靠吃屍體活了下來。管秋陽兄弟食人案發不久，恰巧遇到皇帝大赦天下，免予刑事處罰。

問：管秋陽可以算是個好人嗎？放到西方或現代，這樣的提問簡直不可理喻。但在特定法文化之中，卻具有一定的合理性。

這個奇特的案件，引起了兩位名人的關注。

第一位是建安七子之首，以捍衛禮法、發表奇談怪論著稱的孔融。他說：「管秋陽愛惜先人的遺體，吃掉同伴，沒有問題。」所謂「先人遺體」，並不是父母的遺體，而是他自己的身體。在古人觀念中，一個人的身體是祖先遺留下來的，並不屬於他自己。一

10 王天海、王韌：《意林校釋》卷五引《傅子》，北京：中華書局，二〇一四年，第五三二—五三三頁。

個人沒有隨意處分自己身體的權利，只有愛惜「先人遺體」的義務。《孝經》云：「身體髮膚，受之父母，不敢毀傷，孝之始也。」《論語．泰伯》記載，曾子臨死之前召集弟子，讓他們揭開被子檢視自己完整的手腳，慶幸地說：從今往後，我終於免於刑戮，可以帶著完整的身體去地下見父母了！一個人的身體不僅直接蘊含著父母的精血，並且負有傳宗接代的任務，所以不能輕易毀傷。孔融認為：管秋陽愛惜祖先留給他（和他弟弟）的身體，所以才吃掉同伴，犧牲一個較小的法益，保全一個較大的法益，沒有問題。

第二位是曹操的首席謀士荀彧（也可能是荀悅）。他不認可管秋陽自己的命與那位同伴的命有什麼區別。他反駁道：「管秋陽為了保全一條生命，剝奪了一條生命。生命與生命，無法比較大小。這難道不是殺人罪嗎？」

孔融進一步陳說理由：「這個同伴只是普通的同行路人，並不是五倫之內的『朋友』。如果像管仲吃掉好友鮑叔牙，貢禹吃掉至交王陽，那是不行的。管秋陽兄弟與同伴三人，在平時狀態下，都是人；但在生死存亡的時刻，同伴對於管氏兄弟而言，不過是一隻會說話的鳥獸罷了。管氏兄弟殺死同伴，就好像狗吃了一隻狸貓，狸貓吃了一隻鸚鵡，何足怪哉！」接下來，他又引經據典，論證了吃人的合法性。不再贅述。

管秋陽食人案，與「洞穴奇案」一樣，都是絕境之下殺死、食用一個人，以保全更多人。但區別在於，本案出現了中華法系最大的興奮點——人倫。兄弟在五倫之內，同伴在五倫之外，能否殺死五倫之外的同伴，保全五倫之內的兄弟？這是本案的「奇」處。

不可否認，這個案件非常粗糙，孔融的說理即便放在漢末也難以服人，而更多帶有標新立異的意思。但是作為原型，足矣。如果將「兄弟共謀殺同伴食屍以自存」，改造為「孝子為救瀕臨餓死的老父，殺陌生人以飼父」，那就直逼中華法系眾多價值的核心衝突了。剩下的只是編織更豐富的細節。詳細的案情，請移步正文。

這樣一來，西方法系內生的「洞穴奇案」，便脫胎成了中華法系內生的「洞穴公案」。

◆「洞穴公案」解題

我把這個虛構的新案例，命名為「洞穴公案」。以下作三點解題。

第一，什麼是「公案」？

「公案」是一個傳統詞語。本義是官府的辦公桌，後來用於指代辦公桌上堆積的案牘，尤其包括案件。再進一步，引申為聚訟紛紜、難以裁斷的案件。近人文章中常說的「一樁大公案」「文壇公案」之類，就是在這個意義上使用的。宋元以來，又有所謂「公案小說」，劇情以清官偵查破案為主，例如「包公案」「狄公案」「施公案」「于公案」「百家公案」……後人或比附為西方的偵探推理小說。此外，唐宋以來的禪宗也有「公案」的說法。所謂公案，通俗地說，「即是前世祖師教授弟子，令弟子開悟的經過，也就等於是『教學記錄』」，或者說是「公開的案例」[11]，或者說是「由禪師提出要弟子回答的問題」[12]。這層含義，已經近乎思想實驗的意思了。綜上所說，「公案」一詞兼具法律、聚訟、案例、教學諸種含義，借來作為「奇案」的替換語，應該是合適的。

第二，以何種程序為法理觀點的展示平臺？

中國古代的司法程序，迥異於英美法系，似乎缺乏「法官陳詞，各抒己見」這樣的平臺。不過，上古時代有「議事以制，不為刑辟」的傳統，即透過集體議事的方式，裁決疑難問題。《尚書・堯典》有堯主持的治水人選的會議，《商君書》第一篇是秦孝公主持的秦國是否變法的激烈爭論。秦漢時代，不僅中央朝廷的群臣集議比比皆是，郡縣聽訟斷獄也每有「吏議」。[13]唐宋以降，集議被進一步約束於法制的框架之中，而不再隨意使用。但每逢大案，仍有高質量的法理研討。例如北宋神宗時代的阿云案，王安石、司馬光、文彥博、呂公著、富弼等數十位名臣集體參與討論，展現了高超的法律水準與精深的法理修養。[14]以中央朝廷的集議制度為各派法理觀點的展示平臺，可以展現中華法系的程序特色。

第三，背景如何設置？是否引經據典？

---

11 釋成觀法師：《北美化痕（二）》，臺北：毗盧出版社，二〇〇一年，第二八二—二八三頁。

12 〔日〕鈴木大拙：《禪宗講座》，載《禪宗與精神分析》，洪修平譯，瀋陽：遼寧教育出版社，一九八八年，第五一—六九頁。

13 參見秦濤《律令時代的「議事以制」：漢代集議制研究》，北京：中國法制出版社，二〇一八年。

14 參見〔宋〕馬端臨《文獻通考》卷一百七十〈刑考九〉，北京：中華書局，二〇一一年，第五〇九七—五一〇〇頁。

如前所述，「洞穴奇案」的背景雖然近乎架空虛化，但仍在當前歷史的延長線上。富勒對法學經典的引用十分克制，他試圖讓讀者直接領略法官陳詞中所包含的「樸素真理」。對此，「洞穴公案」的寫作只能借鑒一部分。首先，本案的背景也會盡量虛化，設置在一個架空的王朝。但這個王朝並不像紐卡斯國一樣，處於當前歷史的延長線上，而是處於中華法系解體之前的時間分叉線上。換言之，那是一個中華法系並未解體的平行時空。我會效仿富勒，為那個王朝設置獨特的法律史，官制也出於七拼八湊。但精通歷史的讀者不難洞察這些設置的原型。其次，與「洞穴奇案」最大的不同是，本書將較多地引經據典。「洞穴公案」作為思想實驗，目的並非（也無力）推進法理學的發展，而是展示曾經在中國歷史上存在過的種種思想。這些思想對於當代中國人而言，已經十分陌生，以至於如果我不用「鄉音」（原文）而用「客話」（西語邏輯的白話文）表出之，必將令人「笑問客從何處來」。但為了掃除閱讀障礙，我將盡量克制原文的直接引用，而採用正文白話意譯、注釋標明出處的變通形式。這樣，讀者在欣賞正文順暢的邏輯與文氣之餘，也可以透過注釋一一按尋依據與出處了。此外，我還刻意模仿了《洞穴奇案》

的西式文風。陌生化的處理方式，也許能令讀者與中國古典保持適當的欣賞距離，生出別樣的美感。

最後，為了避免不必要的期望與失望，必須澄清的是：「洞穴公案」並非足以與「洞穴奇案」相頡頏的思想實驗，也並不是後者的山寨與舶來，只是另一種寫法的《中國法思想史》而已。

洞穴殺人案

華朝本元三年於朝堂集議

華朝本元二年十二月二十二日，男子陳祥向洞陽縣廷自首犯有殺人、肢解的罪行。

本朝太祖皇帝曾頒布詔書，規定「奏讞制度」：縣官如果遇到難以裁決的疑難案件，可以提交州一級；州官如果仍難以裁決，可以提交最高法官大司寇，由大司寇組織天下律學家審理。如果大司寇仍不能裁決，便寫成包含擬判意見的詳細報告，附上與本案相關的律令、判例，提交皇帝。

縣令認為本案案情離奇，法律適用存在明顯的疑難，且量刑可能高達死刑，便啟動奏讞程序，將全部案卷材料提交離州府。州刺史認同洞陽縣令的判斷，提交大司寇。

大司寇經冗長的討論，依律擬判斬刑。但超過半數的與會律學家認為：判決結果顯然存在令人不安之處。案件最終被呈交到了御前。

此時，已是本元三年正月，民間對本案的熱議顯然超過了對元旦新年的熱情。輿論持續發酵，本案轟動天下。太學生三千人詣闕上書，以激烈的言辭向朝廷施加壓力，為疑犯請命。陳祥的次弟陳吉也按照前朝已經被拋棄的做法，上書請求代兄受刑。

鑒於案情複雜離奇、社會影響重大，年輕而審慎的皇帝以密詔的形式向多位重臣徵求意見，並在內朝召集了幾次小型的會議後，終於在二月下發姍姍來遲的詔書，在朝堂召開最高規格的集議。中使汪忠恩宣讀了詔書：「制詔御史：離州縣民陳祥殺人飼父，久訟不決。朕聞《禮》有『三訊』之義，《書》云『謀及卿士』。其與宰相、御史、諸卿、大夫、博士朝堂大議。」

於是，經宰相的主持，備受天下人矚目的集議就此啟動。案件事實將在大司寇的立議陳詞中充分地呈現。

觀點一

法雖不善，猶愈於無法

大司寇韓鞅陳詞

◆案情回溯

本元二年十二月二十二日，洞陽縣尉巡視轄區內的一片無人荒原時，發現一具凍死的男屍（後證實是本案被害人楊釋的弟弟楊迦），立刻對周圍進行仔細的偵查，很快發現正在趕路的一行三人。其中一名中年男子（疑犯陳祥）立刻向縣尉自首，招供了數日前在一個洞穴殺人、肢解的詳細經過。

以下案情，主要來自疑犯陳祥的口供，並經偵查核實。

疑犯陳祥（案發時三十五歲）是洞陰縣民。去年（本元二年）五月以來，洞陰縣因旱災引發饑荒。在州府的賑災隊伍抵達之前，部分縣民已經開始逃荒。十二月初三日，陳祥與其父陳千秋（六十八歲）也攜帶剩餘的糧食開始逃荒，試圖穿越一片廣袤的無人荒原，前往最近的鄰縣洞陽縣。

穿行的第三天（十二月初五日），陳氏父子偶遇本案被害人楊釋（二十八歲）及其弟弟楊迦（二十五歲）。經詢問，楊氏兄弟也是逃荒的洞陰縣民，因迷路困於無人區，已經斷糧三日，十分飢餓。陳父經過計算，再有二日就可以穿越無人區，便把緊張的乾糧分了一部分給楊氏兄弟食用。楊氏兄弟便提出和陳氏父子結伴同行。據推測，原因可能是陳父認識路，也可能是看中陳氏父子還有部分乾糧。陳氏父子沒有拒絕。

傍晚，四人尋覓到一個洞穴，決定在此歇腳，躲避風寒，次日再走。當時，有一位醫士孫佗（六十一歲）同樣從洞陰縣逃荒，已經躲避在洞內。五人一起夜宿洞穴。

當天夜裡，罕見的暴風雪襲擊了這片荒原。次日（初六日）早晨，五人發現洞口已經完全被冰雪封凍。下午，被困的眾人勉強鑿開洞口，發現風雪完全沒有停止的跡象。五人中最年輕、體力最強的楊迦不願坐以待斃，決定外出探路並尋覓食物與救援，結果再也沒有回來。後來被證實，楊迦在風雪中迷路，當天晚上凍死在洞穴西北十二里處。

見楊迦始終未歸，其他人便不敢再冒險出洞。五天以後（十一日），在極其節省的情況下，洞內所有可以食用的東西還是被吃光了。其間，陳祥與楊釋多次嘗試出洞或求救，都以失敗告終。被困的第十一天（十六日），最老弱的陳父因過度飢餓而虛弱不堪。醫士孫佗診斷認為：陳父如果三天之內得不到食物果腹，必死無疑。這時，楊釋以隨意的口吻問道：「我曾經看過一本《救荒本草》，說荒年吃死人肉可以活命，不知有沒有這樣的事？」孫佗據實回答：「是的。」楊釋沉吟片刻，又問：「如果等人死後，再吃死人肉，不算觸犯刑律吧？」孫佗默不作聲。

陳祥救父心切，借用孫佗隨身攜帶的醫刀，從腿上削肉餵給父親吃。陳父見狀，悲憤交加，厲聲大罵：「你是家中的嫡長子，除你外只有一個次弟，留守家園。離失既久，不知是死是活。（事後得知，次弟陳吉倖存。）如今我已經老邁無用，年近七十而死，也算古來稀。而你身負延續香火的承重之責，絕不可自殘。我絕不會吃這塊肉。你如果再做這樣的事情，我立刻咬舌自盡！」陳祥涕泣承諾。

又過了一天（十七日），陳父生命垂危，多次昏厥，神志不清。當天夜晚，陳祥趁楊釋在睡夢之中，用石塊將之一擊斃命，先盛取血液，後割取肉片餵飲餵食其父。陳父在神志不清的情況下食用，終於賴以活命。醫士孫佗見人已死，也吃了少許血肉，並勸陳祥：「人還活著，我絕不會勸你殺人；人既然已經死了，你何不也吃一些活命？」陳祥垂泣道：「我只要還能堅持，絕不吃人肉。」他只肯吃泥土、喝雪水，勉強活命。

五天之後（二十二日），雪終於化了。陳祥背負虛弱昏沉的老父離開洞穴，恰巧遇到在此巡查的縣尉，主動自首。縣尉立刻將三人隔離，分別進行救治。經治療，三人全部脫離危險。在神志清醒的狀態下，陳祥詳細地交代了全部案情，並說：「殺人救父，義無反顧；觸法而死，死而無憾。」孫佗與陳千秋也分別作出了獨立的證言，與陳祥的口供吻合。據現場偵查，沒有發現與疑犯口供不符的證據。

本案經奏讞程序，由洞陽縣廷提交離州府，再提交大司寇。本府已經組織律學家進行多次集議，擬判斬刑。現將律令的依據陳說如下。

◆本案的相關律條清晰無疑

《律·斷獄》第四百八十四條規定：「法司審理刑獄的判決依據，必須是《律》的正文。違反的主審法官，笞刑三十。」[1] 按照本朝的官制設計，大司寇屬最高法司，必須在《律》的範圍內裁斷。儘管對本案有種種不同看法，但在《律》的範圍內，本府法官和與會律學家們的觀點驚人的一致。

關於這樁離奇的案件，《律》的規定如大眾所能預料的，毫無含糊之處。《律・賊盜》第二百五十六條明文規定：「凡是謀殺人，並且造成已經殺害結果的，處以斬刑。」[2]這就是本府擬判斬刑的依據。

可能引起人們猜測議論的，是本案是否可以適用「自首免罪」與「留養其親」的減免規定。遺憾的是，在這兩點上，我們也看不到任何疑難，因為律條的規定異常清晰。

首先，疑犯構成自首，但不適用自首免罪。《律・名例》第三十七條：「凡是犯罪還沒有案發，主動自首的，都可以免去罪責。」按照《律疏》，「沒有案發」指的是：一、無人向官府告發；二、官府尚未立案。所以本案疑犯構成自首。但是《律》規定：「凡是造成不可挽回的損害，便不適用自首免罪的規定。」《律》文接下來的舉例，明確包括了「對人造成損傷」的情況。[3]本案疑犯謀殺被害人，並將之殺死，無法適用自首免罪。

其次，疑犯不適用「留養其親」的規定。《律・名例》第二十六條：「凡是犯了死罪的人，如果其直系尊親屬已經年滿七十歲以上，並且該尊親屬沒有成年子孫，可以向皇帝提出減免刑罰的申請。」[4]據此：一、作案時陳父年六十八歲，今年六十九歲，均不符合年滿七十歲的條件；二、陳父另有次子陳吉，不符合沒有成年子孫的條件。所以本案疑犯不適用「留養其親」的規定，無需向皇帝提出額外的申請。

當然，儘管無需依照「留養其親」提出申請，但本案仍然透過奏讞程序提交到了御前。原因是本府集議時，雖然全部與會法官和律學家認為法律適用沒有疑難，但超過半數的律學家仍覺得斬刑的擬判令人不安。

以上是本府前期工作情況的交代。以下，本人將以最高法司長官的身分，針對律學家們那高尚但失之天真的不安情緒，發表看法。

1《唐律疏議·斷獄》第四八四條：「諸斷罪皆須具引律、令、格、式正文，違者笞三十。」必須提請讀者注意，華朝《律》文並不嚴格依照《唐律》，而是多有變通。《唐律》只是附供參考。

2《唐律疏議·賊盜》第二五六條：「諸謀殺人者，徒三年；已傷者，絞；已殺者，斬。」

3《唐律疏議·名例》第三七條：「諸犯罪未發而自首者，原其罪。……其於人損傷，於物不可備償……並不在自首之例。」

4《唐律疏議·名例》第二六條：「諸犯死罪非十惡，而祖父母、父母老疾應侍，家無期親成丁者，上請。」

◆既定的公法高於無定的私善

律學家們感到不安，原因很簡單。他們沒有完全理解自己的角色，搞混了一起刑事案件的判決，應當援引的依據只能是什麼。這很容易理解，因為當四十年前我還只是一名初入公門的刀筆吏時，這種不安的情緒也曾充盈我的胸膛。

做一個簡單的比較，就明白了。本府的法官，包括在《律》的範圍之內作專業思考的律學家們，無一例外認同斬刑的擬判。但是擬判之後，半數左右的律學家迅速脫下法律的外衣，袒露出柔軟善變的良心，嘖嘖嘆惜。原因很簡單，此時的他們是在以凡俗的視角打量一起專業法官才有能力評判的案件。讓我們再看一下純粹的凡俗的反應。就在我們熱議之時，朝廷的北闕之下，太學的全體學生正在那裡舉幡示威。太學生的教材以經籍為主。在他們的知識結構中，律令是完全缺席的。

受過專業訓練和實務歷練的法官，全體認同擬判；只受過專業訓練、缺乏實務歷練的律學家，半數認同擬判；毫無法律素養的太學生，全體抵制擬判。事情還不夠明顯嗎？如果諸位認為《律》是必要的，那就應當聽從專業人士的意見；如果諸位認為太學生是對的，那就請廢《律》，解散大司寇府，將每一個案件交給樸素、柔弱、善變的良心去解決。

到那時候，我想太學生們慷慨激昂的倡議高調，一定會變成七嘴八舌的無效爭論，最後歸於啞火吧。戰國時代的慎子說：「法律即便不完美，也勝過沒有法律。」[5]對我的屬下而言，這是毋庸置疑的基本前提；但對在座的諸公而言，恐怕是驚世駭俗的奇談怪論、泯滅良心的冷酷之言。所以，請允許我略做解釋。

我不像在座諸位，直到今年偶然看到本案，才天真地驚呼：「原來我們的法律是不完美的！」四十年來，我每天都在經手案件，每起案件都在向我提示法律的不完美。幾乎每個嫌犯都能講出一個淒美動人的故事，表明自己的殺戮不是犯罪，而是義舉；表明法律對他們的審判不是正義，而是罪孽。諷刺的是，只有那些真心悔過、一心求死的罪

5《慎子》：「法雖不善，猶愈於無法。」

犯，反倒令法官判決得心安理得。

在無數案件的磨礪之下，我沒有讓自己脆弱的神經變得冷硬。恰恰相反，我學會了隱身在法律的背後，保留了公的律，取消了私的我。在生活中，我與諸位一樣，也會悉心呵護自己的多愁善感。摘下獬廌冠[6]，我也會像律學家們一樣感到良心不安，我也想和太學生們一起示威舉幡，但在法庭上，我只能把一切交給法律，由它裁決，而不是我。

因為四十年的法司經歷，令我明白：每個人都可以有每個人的私善，但一個國家只能有一個國家的公義。成文的禮典與律典，就是為了取得私善的最大公約數，集合凝固成重疊的公義。而公義一旦確立，必須義無反顧地拋棄私善。[7]依循既定的公法行事，便有秩序；憑藉無定的私善行事，便無秩序。[8]

有這樣一個古老的故事：君王看到一頭即將被殺、用於祭祀的牛，叫得很悲哀。他頓生憐憫之心，命令屬下換成一頭替死的羊，理由是「見其生不忍見其死，聞其聲不忍食其肉」。他採取的對策並非大發願心，從此不再殺生，而是遠離屠宰場和後廚，再也不要聽到動物的哀叫。[9]

這位君王的憐憫很廉價，對策卻遠比闕下示威的太學生們明智。如今，我想說：沒有接受過法律訓練的人們，何必因為偶然目擊的一頭哀叫的牛，便大發慈悲，破壞後廚的秩序？這樣的牛，後廚每天不知要宰殺多少呢。要麼取消庖廚，從此不再食肉；要麼收起你們廉價的憐憫，遠離庖廚，把髒活兒交給專業人士，從此安心待在陽光之下，享受你們的歲月靜好。

最後，為了預防可能的曲解，我還想做一點提前的辯護。我剛才說：「法律即便不完美，也勝過沒有法律。」恐怕有人會以為，我認為與本案相關的《律》文並不完美。

6《後漢書．輿服志》：「法冠……或謂之獬豸冠。獬豸，神羊，能別曲直。楚王嘗獲之，故以為冠。」按：秦漢法官均服獬廌冠。

7《慎子》：「法制禮籍，所以立公義也。凡立公，所以棄私也。」

8《韓非子．詭使》：「《本言》曰：『所以治者，法也；所以亂者，私也。法立，則莫得為私矣。』故曰：道私者亂，道法者治。」

9《孟子．梁惠王上》：「君子之於禽獸也，見其生，不忍見其死；聞其聲，不忍食其肉。是以君子遠庖廚也。」

如果是這樣，那就太冤枉了。《律》文五百條，幾乎每一條都有古老的來源，但我認為第二百五十六條也許最為古老。這條律文曾被無數古人凝練概括為四個字：「殺人者死。」據說曾有一位極端厭惡法律的皇帝，廢除了前朝的全部律條，僅僅保留了三款，第一款就是「殺人者死」。戰國的荀子曾說：「殺人，應當償命；傷人，應當處刑。這是任何君主也不可能改變的法條，古老得無法考察它們起源於何時。」[10]如此古老的法條，千百年來一定經歷了遠比本案更複雜、更離奇的嚴峻考驗，歷久彌新，如今卻要因為一部分人少見多怪的不安情緒，斷送在本朝嗎？希望諸公掂量清楚這次集議的分量。

10《荀子・正論》：「殺人者死，傷人者刑，是百王之所同也，未有知其所由來者也。」

觀點二

亂世的犯罪，責任主要在國家

太學生顧登龍陳詞

大司寇的陳詞，令我瞠目結舌。他竟然將司寇府比喻為屠宰場和後廚，將可矜可憫的嫌犯陳祥視作待宰的牛羊。並且他蠻橫地關上庖廚的大門，傲慢地喊道：「品下午茶去吧，你們這群毫無法律素養的凡俗！」司寇府的法官們經過數十年的魔鬼訓練，終於做到了殺人時不再眨眼。而他用得道高僧般的口吻說：「我學會了隱身在刀的背後。我把一切都交給了手裡的這把刀，是它在殺人，而不是我。」當然，他只能這樣自欺欺人。否則他的良心會和我們一樣不安。

大司寇說律令是公義，不應當廢公行私。他又說，這個國家只有經過嚴格的專業訓練、豐富的實務歷練的一小部分人，才會認為斬刑的擬判是合理的——這一小部分人，我想從大司寇府到天下所有州府、縣廷的法司全部算上，至多不超過一萬人吧？而在他眼中毫無法律素養的天下生民，以先帝雍熙九年的數據而言，至少有一億三千萬之巨。一萬人的觀點是「公」，一億人的觀點反而是「私」？那麼公私的標準，究竟何在？

不可否認，刑獄的裁斷不應以民意為準，而應以律令為準。但當大司寇府的法官大人們對《律》的理解，與天下民眾相左之時，我想請問：《律》究竟仍是天下的公義，還是早已淪為大司寇府的禁臠？退一步而言，假設大司寇府的法官大人們對《律》的理解是準確的，天下人都因為缺乏法律素養，理解錯了。那麼，如此難以理解、如此容易誤解、如此違背樸素認知的一部《律》，將令天下民眾的手腳往哪裡放呢？

更何況，與本案相關的律令，並不是什麼需要專業、精深的律學知識才能參與討論的偏僻法條，而是如大司寇所說，最古老、最眾所周知、最不容易引起誤會的「殺人者死」。所以，請大司寇屈尊降貴，傾聽一個有良心的法盲的觀點吧！

◆沒有一個法條可以置身法意之外

大司寇的觀點，最令人震驚之處是：他試圖將律學家們的不安，作為妨礙律令正常運作的有害雜質過濾出去。殊不知，這份不安正是《律》的靈魂。大司寇的過濾行為，無異於買櫝還珠，必將令本朝的律令失魂落魄，成為徒具其表的「行屍走肉」。

在久遠的春秋時代，孔子曾說：「以德行為引導，以禮儀為準則，民眾將一心向善，具有恥心；以政策為引導，以刑法為準則，民眾將一心逃避懲罰，喪失恥心。」[1]也許大司寇會嗤之以鼻，明確告知我：古人的言論不能作為刑事裁判的依據。那麼，請允許我簡略回顧大更化以來的法律史。

大更化後的第一期，據說是幾個享壽五百年以上的黃金王朝。據史官考證，國祚綿長的祕訣是恪守大更化後殘留的古代制度與文化。但是制度的殘缺、文化的墮落，令最後一個黃金王朝崩潰為無數小國，歷史進入第二期。那個時期，各國依照不同的國情，奉行不同的法律理念與制度，簡直為後世積累了取之不盡的實驗成果。數百年的戰亂之末，一個奉行機械執法的國家迅速崛起，憑藉強大的軍力吞併了殘存的幾個大國，統一天下，這就是臭名昭著的亡朝。大司寇以不同凡俗的法律菁英自居，但是據我所知，這樣只認刑法、不知有他的法律菁英，在亡朝比比皆是。法庭是他們的砧板，律令是他們的屠刀，嫌犯是待宰的牛羊。當天下民眾意識到，每個人都有可能被送進那神祕的庖廚時，亡朝也就覆滅了。

前朝的聖宗皇帝，重新拾起上古的思想與制度，將失落已久的道德和禮儀注入冰冷的律條。這是近三百年來最激動人心的法律運動，大司寇竟然視若無睹。《律》的開篇是什麼？大司寇一定會流暢地背誦：「《律·名例》第一條，關於五刑的規定。」錯。「五刑」之前，還有一段長長的《律序疏》，似乎與判決無關，也不在明法科考試的重點之內，絕大多數律學生和刀筆吏都會選擇跳過去。但是，請認真讀一讀這振聾發聵的句子吧：「道德與禮儀，是治理的根本；律令與刑罰，是治理的手段。二者就好像朝日與夕陽、陽春與寒秋，結合在一起才算完整。」[2]

也許大司寇會反駁：這種浸貫道德與禮儀的法條，在《律》中是有限的，例如「留養其親」和「親親相隱」。絕大多數法條，仍是純粹技術性的。「殺人者死」的古老法條，自從亡朝以來，甚至大更化之前，就不曾變化過。不錯，法條的軀殼沒有變化，但當《律》全體浸貫了良善的法意，難道任何一個法條卻可以置身事外嗎？大司寇說太學生的知識

1《論語·為政》：「道之以政，齊之以刑，民免而無恥。道之以德，齊之以禮，有恥且格。」

2《唐律疏議》序疏：「德禮為政教之本，刑罰為政教之用，猶昏曉、陽秋相須而成者也。」

構成中大約沒有法律，那大司寇的知識構成是否只有法律呢？否則，怎麼會對道德、禮儀、法律史，一概視而不見呢？

◆今之所謂公義，古之所謂殘賊

大司寇熱衷於侈談「公義」，那在下不妨附庸風雅一番。眾所周知，本朝的《律》並非民眾集體制定的，這樣的事情在大更化之後的歷史上也幾乎不曾有過。本朝的《律》，沿襲自前朝；而前朝的《律》是開國之初，由宰相領銜的一個立法班子制定，經太祖皇帝批准而通過的。據我所知，那個立法班子的成員絕不超過十五個人，其中大多數是亡朝的刀筆吏出身。大司寇憑什麼認為十幾個刀筆吏閉門造出的《律》，可以代表天下人的「公義」？因為太祖皇帝的批准嗎？皇帝不過是一姓之私，憑什麼可以成為萬民之公呢？難道不是因為當年太祖皇帝弔民伐罪，推翻亡朝，拯救黎民於水火嗎？

上天生育了萬民，又多此一舉，為他們設置了一名君主，是為了便利他們的生活，而非妨害他們的生活。[3]古典時代的明人黃宗羲，詳盡描述了真正能代表「公義」的制度。他說：「上古的君王，知道天下的民眾需要衣食，便給他們分了田地，讓他們播種糧食與桑麻；知道天下的民眾需要教化，便給他們開設學校，賦予知識；創制婚禮，防止淫亂。又增收最低限度的賦稅，進行必要的國防建設，防止外族入侵。」[4] 前朝太祖皇帝推翻亡朝，立刻兌現承諾，實行均田制度，給天下每個丁男都分配了耕地，給每個丁女都分配了桑麻地，並將這一制度白紙黑字寫進了《令》典。[5] 至今，本朝的《田令》仍可以輕易查到均田制度的原文。民眾就是出於對本朝能夠持續推行均田制度的信賴，才放棄了自謀生路、另立君主的權利，而冒著巨大的風險，把養育和教化的責任託付在

---

3 《左傳．文公十三年》：「天生民而樹之君，以利之也。」

4 《明夷待訪錄．原法》：「二帝、三王知天下之不可無養也，為之授田以耕之；知天下之不可無衣也，為之授地以桑麻之；知天下之不可無教也，為之學校以興之，為之婚姻之禮以防其淫，為之卒乘之賦以防其亂。」

5 中國歷代開國之初，大多有類似平均分配田地的制度。唐代的均田制規定在《唐令．田令》中，但是否貫徹實施，史學界有爭議。參見〔日〕仁井田陞《唐令拾遺》，栗勁等編譯，長春：長春出版社，一九八九年，第五四〇—五四八頁。

君主手中。這才是太祖皇帝批准通過的《律》具有「公義」的根本源頭！

歷史已經過於久遠，足以令人遺忘制度的本原。看看眼前的這個天下吧！建國之初的幾任君主為了增收賦稅、恢復元氣，限令男女及時婚配。如今，隨著人口的增殖、移民的遷入，天下人口早已從亡朝末年的四千萬，繁衍到一億三千萬之巨！可是當初承諾的均田制度，早已經名存實亡。新增的人口無田可分，只能夠一分一釐積攢錢財，掏空幾代人的辛苦錢才能勉強購置一塊田地。一旦買田，國家與法律便及時地出現了：入籍登記、交易稅、田稅、地稅、青苗錢、地頭錢……[6]唐代有篇文章，記載永州的郊野，有戶人家以捕捉毒蛇為生，連續幾代人都死於蛇毒，卻仍樂此不疲。原因是：蛇毒只能毒死一個人，苛捐雜稅卻足以逼死一家人！但與今天相比，唐代的那點賦稅真可謂小巫見大巫了！這樣的制度，還有資格以「公義」自詡嗎？《孟子》說：「今天朝廷的所謂理財專家，就是古人所說的『民賊』啊！」套用同樣的句式，豈不可以說：今天的所謂「公義」，就是古人所謂殘害天下蒼生的賊寇啊！

諸公可能覺得我扯得太遠。接下來，我就向諸位揭示：以上論說絕非一個太學生的高調激論，而是與本案的定罪量刑息息相關的考量因素。

◆「災荒」是本案必須考量的因素

司寇府的法官們討論本案，像是從案件血肉相連的細節中，摘取與冰冷律條相關的要件，拿進真空的實驗室，進行純粹理性的觀察。他們只關心：本案有沒有律條所謂「謀」與「殺」，有沒有「已經殺害」的結果。至於案件其他有血有肉的細節，在他們眼中不過是無關無謂的干擾項而已。只有法盲才會被這些干擾項吸引目光，浪費感情。

我真不明白，這樣機械簡單的規定動作，大司寇為什麼費了整整四十年才學會。要知道，看到法條之外廣闊而複雜的世界，可比這難多了！

必須注意，本案的背景是本元二年五月以來，洞陰縣那場可怕的旱災造成的饑荒。

6《葉適集》：「蓋至於今，授田之制亡矣。民自以私相貿易，而官反為之司契券而取其值。」（北京：中華書局，一九六一年，第六五二頁）

離州府的報告顯示，饑荒造成的死亡人口已經達到六千八百人以上，而洞陰縣總人口不過十一萬一千而已！為什麼一場接近八個月的饑荒，會造成如此巨大的死亡？這是一場純粹的、偶然的天災，可能引發的結果嗎？不妨翻一翻古老的《禮記》吧。

《禮記．王制》說：「一戶農民耕作三年，除了平日吃穿用度，一定可以積攢下一年的餘糧；這樣計算，九年就能積攢三年的餘糧，足以抵禦連續三年的自然災害。一個國家沒有九年的糧食儲備，叫作『國用不足』；沒有六年的儲備，叫作『危急』；連三年的儲備都沒有，那就沒有資格稱之為一個國家了！」[7]我做過調查，如果按照《田令》定額的均田制度與賦稅制度，那麼本朝農民耕作三年也能積攢一年的餘糧。洞陰縣已經連續十二年風調雨順，理論上家家戶戶可以積攢四年以上的糧食儲備。為什麼僅僅八個月的饑荒，就將之打回原形？難道不是因為國家自己沒有遵照《田令》分配田地、徵收賦稅的結果嗎？民眾拿不到分配的田地，只能掏空所有，自行購置田地。田地還沒有拿到手，徵稅的官吏早已如逐臭之蠅，聞風而至。十二年下來，勉強溫飽，家中連一擔一石的儲備都沒有。饑荒發生，民眾盼望朝廷的賑災，猶如大旱之望雲霓，結果遲遲未至。

極端失望之下，災民們只好冒著生命危險，穿越無人區。屋漏偏逢連夜雨，又被困在洞穴之中。望著垂危的老父，絕望之中，陳祥只好忍痛含淚殺死被害人。就在這時，執法官吏立刻出現，拿著《律》條，得意洋洋地說：「殺人者死。你必須為你的犯罪行為，付出應有的代價。」

朝廷自亂典章不分田地、亂收賦稅的時候，你們在哪裡？饑荒連月，飢民腹無粒米、對賑災隊伍望眼欲穿的時候，你們在哪裡？老父形銷骨立、氣息奄奄的時候，你們在哪裡？為什麼剛殺人，你們就來了？你們處心積慮挖一個大坑，埋伏窺伺，一旦民眾失足跌入，立刻加以罪責，處以死刑。這種做法，難道不叫坑害民眾？難道不叫謀殺無辜？這樣的《律》也有資格稱之為「公義」嗎？也有資格叫作「法」嗎？這樣的朝廷、州府、縣廷，也有資格冒充民之父母嗎？騙誰呢？欺天嗎？[8]

7《禮記・王制》：「國無九年之蓄曰不足，無六年之蓄曰急，無三年之蓄曰國非其國也。三年耕，必有一年之食；九年耕，必有三年之食。」

◆亂世的犯罪，責任主要在國家

大司寇的陳詞，洋溢著一種沾沾自喜的語氣，這令我不禁聯想到春秋末期的一則故事。

曾子的一位弟子，被任用為法官。就任之前，他向老師請教：「擔任法官，有什麼要注意的嗎？」曾子回答：「當今朝廷與政府已經喪失了正當的道義，所以民眾易於背離法律，輕於違法犯罪。每一起犯罪，政府的責任多，嫌犯的責任少。所以你擔任法官，必須本著悲憫之心定罪量刑，切勿因為破獲真相而沾沾自喜。」[9]由此可見，兩耳不聞窗外事的法官是不合格的。時代早已變遷，均田制度早已廢棄，賦稅制度早已變亂，洞陰縣的府庫空虛毫無賑災的能力，法官卻拿著幾百年前與《田令》緊密配套的《律》，一絲不苟地機械執行，這是不知大體、不識時務。

上古時代有一則法律格言：「刑罰的輕重，應當緊隨時代的波動。」[10]說到這裡，我必須先做一點文獻的考辨。因為這則古老的法律格言，被後世的解經家們竄亂了。他們常常用另一部出處可疑的古書《周禮》來解釋這句格言。《周禮》說：「針對新國的刑罰，應當輕；針對平國的刑罰，應當輕重適宜；針對亂國的刑罰，應當重。」[11]魏晉一位假託孔子後代的不知名解經家，引用《周禮》說：「『刑罰的輕重，應當緊隨時代的波動』，意思就是『新國用輕刑，平國用中刑，亂國用重刑』。」[12]這個訛誤傳了很久，到了明代，

---

8 《明夷待訪錄．學校》：「授田之法廢，民買田而自養，猶賦稅以擾之。……是亦不仁之甚，而以其空名躋之曰『君父，君父』，則吾誰欺！」〈原法〉：「此其法何曾有一毫為天下之心哉？而亦可謂之法乎？」《孟子．梁惠王上》：「若民，則無恆產，因無恒心。苟無恆心，放辟邪侈，無不為已。及陷於罪，然後從而刑之，是罔民也。」

9 《論語．子張》：「孟氏使陽膚為士師，問於曾子。曾子曰：『上失其道，民散久矣。如得其情，則哀矜而勿喜。』」東漢馬融注：「民之離散為輕漂犯法，乃上之所為，非民之過，當哀矜之，勿自喜能得其情。」

10 《尚書．呂刑》：「刑罰世輕世重。」

11 《周禮．大司寇》：「大司寇之職，掌建邦之三典，以佐王刑邦國，詰四方。一曰刑新國用輕典，二曰刑平國用中典，三曰刑亂國用重典。」

12 《尚書．呂刑》偽孔傳。所謂「偽孔傳」，一般認為是魏晉人假託西漢孔安國，為《尚書》寫的注釋。

一位流民出身的皇帝用行政的權力，更簡約、更直接地說：「治亂世，用重典！」[13]這句流俗的諺語，徹底改變了古老法律格言的原意。

「世」是時間概念；「國」是空間概念。《周禮》的時代，實行周天子封土建國的分封制度。《周禮》的意思是說：大司寇協助周天子，針對不同的諸侯國，採用不同的刑事政策。新成立的諸侯國，民眾還沒有得到教化，就用輕刑治理；成立已久的諸侯國，太平無事，就用中刑治理；如果發生暴亂，就用重刑治理。而治理的對象，也不是「民」，而是「國」，也就是諸侯和大臣。《周禮》的三種刑罰，是在同一時代，針對不同空間。

我剛才引用的那句古老的法律格言，則是在不同的時代，採取輕重有別的法律政策。所以，請讓我們拋棄魏晉那位不敢實名的解經家，直接看一看先秦大儒荀子的看法吧。荀子說：「國家治理良好，民眾卻悍然犯罪，應當施以重刑；國家治理糟糕，民眾迫不得已、鋌而走險，應當施以輕刑。因為在治世犯罪，國家已經盡到了治理的責任，個人的刑責就重；在亂世犯罪，國家沒有盡到治理的責任，個人的刑責就輕。這就是《尚書》說的『刑罰的輕重，應當緊隨時代的波動』的意思。」[14]

我的發言已經冗長，現在我將收束全部的思路。本朝的《律》與亡朝不同，不是孤立的、自足的體系，而是道德與禮儀的伴生品，就仿佛陰、陽和合，才是完整的「道」一般。這不是我的想像，而是《律疏》的明文。一切律條，必須基於這個法意來理解。本朝的《律》與《令》緊密配合，都是前朝開國之初，由宰相領銜的立法班子制定，太祖皇帝批准通過的。太祖皇帝由一家一姓之「私」人，得登君臨萬民之「公」位，合法性來自「樹君以利民」。太祖皇帝深知這一點，所以即位之初，立刻頒布了種種物質「養」民、精神「教」民的制度，例如均田制度與賦稅制度。這些制度至今規定在《令》中，而《令》的制度的有效推行，是《律》的刑罰得以實施的前提。可是在本案中，我們悲哀地看到：均田制度與賦稅制度名存實亡，洞陰縣民不但要自己購買田地，還要應付苛捐雜稅，導致家無擔石之儲備，一旦荒年來臨，又得不到及時的賑濟，只能冒著生命危

13《明史·刑法志》載朱元璋語：「吾治亂世，刑不得不重。汝治平世，刑自當輕，所謂刑罰世輕世重也。」

14《荀子·正論》：「治則刑重，亂則刑輕。犯治之罪固重，犯亂之罪固輕也。《書》曰：『刑罰世輕世重』，此之謂也。」

險，棄家逃生，陷入洞穴絕境。在這種情況下，法官必須明辨：在一起刑事犯罪中，政府應當分擔多少責任，剩下的刑責才能落到可憐的嫌犯身上。

觀點三

法之意，在法內

少司寇于公傑陳詞

顧生的陳詞印證了大司寇的判斷：太學生的知識結構中，律令是完全缺席的。他旁徵博引了遠古時代的《尚書》《周禮》《左傳》《禮記》《論語》《孟子》《荀子》，為我們娓娓講述了大更化以來的數千年歷史，乃至於連天象的變化、農民的收成都被納入定罪量刑的考慮範圍，唯獨對於《律》，在一起刑事訴訟中即便不是唯一也是最優先引用的文本，他絕口不提。哦，差點忘了。顧生還引用了《律》開篇那段長長的序疏，然後便在可以實際操作的第一條之前，知趣地止步了。因為他十分清楚：從那裡開始，才涉及本案的實質理據，而他對此一無所知。

既然顧生如此喜歡談論歷史，那在下不妨奉陪獻醜。顧生從大更化講到黃金王朝，講到列國時代，講到亡朝，講到前朝聖宗皇帝開啟的激動人心的法律運動，便戛然而止，未免令人感到意猶未盡。在下便接著顧生的話頭，繼續往下講。

◆法律一定與運動無緣

顧生用「運動」這個詞語，概括聖宗皇帝以來的法律史的主旋律，容易令人誤會那是一場激動澎湃的、一往無前的、烈火烹油的、鮮花著錦的歷史潮流。事實上，法律一定與「運動」無緣。每一項因為列國時代數百年隔斷而年久失修的道德與禮儀的古老原則，都經過司法領域的個別嘗試，法律解釋的苦心彌縫，才有機會進入立法領域。又經過立法專家近乎苛刻的挑剔與審視，才被小心翼翼地嵌入《律》典之中。

如果顧生認為，這一把道德與禮儀個別嵌入《律》典的技術工作有意義（事實上，這是他剛剛不惜以「激動人心的法律運動」這樣誇張的表達方式加以謳歌的），那麼直接援引《律》典之外的道德與禮儀（這正是他剛才的做法），就是錯誤的。如果顧生認為這項技術工作沒有意義，在他的「法律世界」裡，道德與禮儀就是至高無上的國王，《律》不過是追隨其後、為之服務的婢女，那麼在下也只能很遺憾地告知：這個想法絲毫不新鮮，因為一百年前的人們也是這樣想的，而這個想法正是盛極一時的前朝被篡竊的原因。

聖宗皇帝以來，掌握了各種經籍卻唯獨沒有法律知識的士人們，把亡朝滅亡的種種至今歷史學家仍在爭論不休的複雜原因，粗暴地歸結於一點：毀棄上古的道德與禮儀，機械地執行法律。簡化的敘事掩蓋了紛紜錯亂的史料，不需要讀者動腦，所以格外受到民眾的歡迎，很快流傳開來。這個簡單敘事的必然邏輯推論是：只要恢復了上古的道德和禮儀，我們不僅有希望回到黃金王朝，甚至可以回到大更化之前的淳樸世界。這樣一來，人們就日益不滿於立法專家的保守和低效，恨不得人人攘臂擼袖，個個赤膊上陣，熱情高漲、口沫飛濺地參與到立法和司法中來。到這時候，「法律運動」可謂名副其實。野心家也就出現了。大僭主利用空前高漲的復古熱情，把自己打扮成精通各種上古典籍、忠實履行上古道德、一舉一動都合乎上古禮儀的當世聖人。在詭祕的權力運作和高漲的民意壓力雙重作用下，年僅三歲的前朝末帝悲哀退位。尚無衰弱跡象的前朝退出歷史舞臺，僭朝成立了。

顧生會認為僭朝是最理想的黃金時代嗎？在那時，道德和禮儀徹底主宰了《律》典，違反道德就會遭到最嚴厲的懲處。在那時，先是儒生和士人淩駕於法司之上，後來信口雌黃的不學無術之輩又淩駕於飽學的儒生——當保守而低效的立法專家被打倒後，嚴謹考據古代禮儀制度的儒生們就成為下一批被嫌棄保守而低效的對象了。在那時，人人都可以引用莫須有的「上古道德與禮儀」，大義凜然指責對方違法犯罪。在那時，法官進行任何判決都不再保持可貴的「哀矜勿喜」，因為但凡被判處死刑的人，都不僅僅是違法的嫌犯，更是背德逆理的人渣。死於法律的人，或許還會被人同情；死於道德的人，誰敢同情呢？[1]以理殺人，殺人誅心，這就是「法律運動」的惡果！

大僭主被推翻以後，復古的狂熱終於冷卻。本朝的法律精神，兼具理想與務實。道德與禮儀當然是治理的根本，但所謂根本必須深藏於土中汲取來自遠古的養分，而非袒露地表像花枝一樣招展。

◆立法可以隨時，司法只能依法

顧生最強有力的觀點是那句遠古的法律格言：「刑罰的輕重，應當緊隨時代的波

1〔清〕戴震：《孟子字義疏證》：「人死於法，猶有憐之者；死於理，其誰憐之？」（北京：中華書局，一九六二年，第一〇頁）又〈與某書〉：「酷吏以法殺人，後儒以理殺人，浸浸乎舍法而論理，死矣，更無可救矣！」（同上書，第一七四頁）

動。」在下並不打算反駁這句格言，也十分認同顧生對其真實含義的精采辨析。但是很可惜，經文的精采訓釋，並不能改變顧生對法律一無所知這個事實。因為他完全搞混了立法與司法的關係。

時代的波動，只能作為立法的考量因素；而凝固不變的法律，才是司法的唯一依據。

同樣意思的古老法律格言，在下還可以繼續補充。例如：「要為不同的人，設立不同的法。」又如：「人定的法律沒有永恆的正義，而應追隨不同時代的共識。」這當然都是對立法的要求。在立法的時候，必須認真考慮：女性是否應當特殊？老弱廢疾是否應當優待？官員有無特權？尊長能否豁免？當特殊人群有值得區別對待的理由，而人群的數量達到一定標準，那麼立法便應遵循法律格言，分別給予特殊規定。顧生引用的那句法律格言中，值得立法區別對待的「時代的波動」，也是如此。

但是，立法工作一旦完成，一切波動必須凝固。這是法律的本質要求。法律文本一經生效，推行必須如四時交替般準確無誤，執行必須如鋼鐵岩石般堅硬不可摧。任何法官都不能再在既定的法律之內，再說什麼「為不同的人，立不同的法」，說什麼「緊隨時代的波動」。否則的話，就混淆了立法與司法各自的功能。[2]

天下萬事，唯變所適，時間長河，逝者如斯，沒有一刻靜止。嚴格來講，任何法律寫成之時，就是過時之日。司法如果「緊隨時代的波動」，無異於取消法律。洞陰縣的饑荒，我們都很同情，相關官員也必須依據法律，嚴肅追責。但問題是：一場饑荒，是否足以將王朝的一個縣變為法外之地？如果是，那麼無數的問題隨之而來：什麼程度、何等範圍的饑荒，可以製造法外之地？可以成為「刑罰的輕重」應當緊隨的「時代的波動」？餓死六千八百人的饑荒，飢民殺人，應當減刑幾等？餓死一千八百人的呢？是否應當在法律之中預先規定輕重的幅度？這個幅度一旦定出，時代又波動了，怎麼辦呢？法律豈不成了古代名家悖論中那個永遠追不上烏龜的捷足善走之人？

由此可見，顧生的主張存在嚴重的內在困難，根本沒有操作的可行性。

2《晉書・刑法志》：「古人有言：『善為政者，看人設教。』看人設教，制法之謂也。又曰：『隨時之宜』，當務之謂也。然則看人隨時，在大量也，而制其法。法軌既定則行之，行之信如四時，執之堅如金石，群吏豈得在成制之內，復稱隨時之宜，傍引看人設教，以亂政典哉！」

對顧生的反駁，並不意味著就贊同大司寇的擬判。在下只是切除對法律的不切實際的想像，盡量讓討論更簡潔。事實上，大司寇府集議時，在下與律學家們一樣深感不安。只是在還沒有想到妥善的解決方案之前，一切法律之外的不安都是無效的情緒，所以在下沒有表態。如今，妥善的方案已經找到了。

◆法之意，在法內

大司寇說：他經過四十年的歷練，終於學會了隱身於法律背後，讓法律自己起作用。誠如顧生所說：這是自欺欺人。《孟子》說：「道德不可能單獨實現治理，法律不可能自己發揮作用。」[3] 如果法律自己會判決，還要法官幹什麼呢？

法律是死物。在下已經說過，法律一旦制定完成，就已經過時。正是法官的司法活動，賦予法律長久的生命力，使僵死的法條得以適應瞬息萬變的時勢，能夠裁決千奇百怪的案件。法官的司法與凡俗的橫議，最大的區別在於：司法不能旁逸出法條的範圍，信手拈來法外的道德與典籍；而應在法條之內，悉心求索良法之內的美意。先王為我們留下的法律雖不完美，但也經歷了數百年的考驗與訂補，絕大多數美好的法理都已如玉在璞，深蘊石中。只求遇到一名識貨的良工，將其順著原本的紋理，細細雕琢出來。[4]

這話說得有些玄虛，在下將舉出實例，說明過去遭遇疑難案例時一般的處理程序。

在法律確定性尚未被普遍認識的大更化之前的古老時代，有過這樣的案例：一名老年女子告到縣廷，狀告自己的義子。她哭訴說：「我丈夫死後，我的義子就長年把我霸占為實質上的妻子，每當看到我與別的男人交往，就妒火中燒，非打即罵。」縣令立刻逮捕了那個禽獸不如的義子，經過訊問，果然如此。問題來了：將母親霸占為妻子，該當何罪？當時的法律——不僅當時，至今的法律仍是如此——沒有任何可以遵循的規定。縣令經過深思熟慮，做出解釋：「法律沒有規定『以母為妻』該當何罪，並不是立法者一時疏忽，而是因為立法者實在不忍心寫下這樣令人髮指的罪名。法律留下這個空

3《孟子・離婁上》：「徒善不足以為政，徒法不能以自行。」

4《明夷待訪錄・原法》：「使先王之法而在，莫不有法外之意存乎其間。其人是也，則可以無不行之意。」

白，正是為了讓當代的司法者依據具體案情，個案個裁。這就是歐陽氏《尚書》所謂『法官造獄』的權力。」於是，他以誇張的形式，對不孝子實施了死刑。[5]

「法官造獄」當然不見容於本朝的律令。但是這個古老故事啟示我們：我們的《律》典是否真如大司寇所說，是完美自足、不假外求的精密體系？關於本案的一切律條都是如此清晰無疑？還是《律》典其實暗藏著細細的透氣孔，給疑難案件留下了獨特的處理程序？

大更化之前，律學家公認水準最高的法典是《唐律疏議》，那個時代最令人困惑的法律難題則是復仇。眾所周知，自從宗法分封的國家體制崩潰之後，君王面臨的便是一個廣土眾民的王朝。君臣之間沒有骨肉之親，無法再用氏族宗法的血緣關係捆綁在一起。法家一度用法律制度強行規定君臣之間的義務，但是歸於失敗。[6]經過數百年的嘗試，當時的儒家構擬出一種「移孝作忠，化家為國」的體系。簡而言之，子女對父母有天然的感情，在應然的層面就叫「孝順」；父母對子女也有天然的感情，在應然的層面就叫「慈愛」。一個普通人，無法直接理解超巨大的國家對於他的意義，也無法體會那個高高在上、一生也不可能見到的皇帝與他的關係。所以，比照家庭關係，理解國家關係；比照父子關係，理解君臣關係。將對家的義務，轉移為對國的義務；對父的感情，轉移為對君的感情。這就是「移孝作忠，化家為國」。

但是，這一做法有一個內在的理論癥結：假如父與君、家與國的利益發生正面衝突，忠與孝兩種義務難以兩全，怎麼辦？「復仇」就是這個核心衝突衍生的法律難題。本案也是。

人世間最大的仇恨，莫過於殺父之仇。按照最自然的情感，殺父的仇人必須被殺死，無法被原諒。但是，孝子眼中的「殺父」，在國法之中不過是「殺人」。而「殺」罪有六

5《漢書．王尊傳》：「美陽女子告假子不孝，曰：『兒常以我為妻，妒笞我。』尊聞之，遣吏收捕驗問，辭服。尊曰：『律無妻母之法，聖人所不忍書，此經所謂造獄者也。』尊於是出坐廷上，取不孝子縣磔著樹，使騎吏五人張弓射殺之，吏民驚駭。」顏注引晉灼曰：「歐陽《尚書》有此造獄事也。」

6《韓非子．備內》：「人臣之於其君，非有骨肉之親也，縛於勢而不得不事也。故為人臣者，窺覘其君心也，無須臾之休，而人主怠傲處上，此世所以有劫君弒主也。」

種以上犯罪形態，並不都是死刑；即便死刑，也可能遇到赦免。如果國法一定程度原諒了「殺人」行為，那麼孝子可否追殺仇人？如果追殺，是否應當受到法律的懲處？這就是所謂「復仇」難題。

令人困惑的是，《唐律疏議》作為立法水準高超的法典，並沒有給出解答。但是，這絕不代表《唐律》的立法者沒有考慮到「復仇」的存在。《唐律》第二百六十條：「祖父母、父母和丈夫如果被人殺害，嚴禁私下和解。」[7]第二百六十五條：「凡是判處死刑的殺人犯，如果遇到赦免，而被害人家尚有近親屬的，應當由國家安排轉移到距離被害人家鄉千里之外，另行安置居住，以逃避仇殺。」[8]從這兩個法條不難推斷：第一，立法者完全知曉「復仇」的存在；第二，立法者並不否定「復仇」的正當性，否則就不必煞費苦心安排仇家躲避被害人子孫的追殺，只要禁止復仇就可以了；第三，立法者並不支持「復仇」的正當性，因為整部《唐律》沒有一個律條將「復仇」列為可以減免的情節。

那麼，立法者的原意究竟是什麼？當唐代的法官和律學家們很快遭遇到現實的復仇案件，他們查明以上律條，很快解讀出了立法意圖：如果立法嚴禁復仇，就傷孝子之心，違反人倫；如果立法允許復仇，就一定會有人借法殺人。立法者清晰地認識到：並非一切問題都能由立法一勞永逸地解決，有些難題不妨留給司法，針對具體的個案「造獄」，個別地裁決。[9]從此之後，一直到本朝，「復仇」的難題都是這樣解決的。

接下來，在下將細心探尋立法者為嚴密的法律留下的透氣孔以及針對疑難案件的司法程序慣例。

7《唐律疏議》第二六〇條：「諸祖父母、父母及夫為人所殺，私和者，流二千里。」

8《唐律疏議》第二六五條：「諸殺人應死會赦免者，移鄉千里外。」疏：「殺人應死，會赦免罪，而死家有期以上親者，移鄉千里外為戶。」這叫「移鄉避仇」。

9〔唐〕韓愈〈復仇狀〉：「最宜詳於律，而律無其條，非闕文也；蓋以為不許復仇，則傷孝子之心，而乖先王之訓；許復仇，則人將倚法專殺，無以禁止其端矣。……殺之與赦，不可一例；宜定其制曰：凡有復父仇者，事發，具其事申尚書省，尚書省集議奏聞，酌其宜而處之，則經律無失其指矣。」（《韓昌黎文集校注》，上海：上海古籍出版社，一九八六年，第五九三—五九四頁）

◆法律的透氣孔

大司寇的陳詞，提到了本朝一項眾所周知的法律原則——留養其親。父母年老，膝下只有一名獨子，獨子犯死罪，並非直接減刑，而是向皇帝提交減刑的申請。被稱為「上請」的法律術語，就是《律》典的透氣孔。這樣的透氣孔，散見於《律》典的各個位置。例如第一百二十二條《律疏》針對一項沒有明確規定的刑責，解釋道：「法律不規定明確的罪名與刑罰，就是為了讓法官臨時向皇帝請示。」[10]第三十條《律疏》針對老幼殘疾犯死罪應當申請聖裁的規定，解釋說：「法官不應該進行裁斷，而應該向皇帝請示。」[11]

類似的律條，不勝枚舉。當然，《律》典沒有規定本案應當向皇帝請示。本案與大多數「復仇」案件一樣，是依據奏讞程序提交御前的。「復仇」的處理程序已經非常成熟，本案前所未有，但兩者都屬禮法價值的核心衝突衍生的疑難案件，則並無二致。所以不妨參照「復仇」的處理程序，解決本案。

「復仇」案件的處理程序，一般是：第一，州縣官啟動疑難案件的奏讞程序，提交大司寇，大司寇擬判後提交御前；第二，皇帝下詔，啟動集議程序。到這一步為止，我們正是這樣操作的。第三，群臣集議，詳盡討論案件的方方面面，最後給出依法處置的最終意見，但同時提示皇帝注意案件可以從輕的種種理由；第四，皇帝一般會用至上的權力，給出從輕的恩赦之令；第五，從慣例來看，恩赦之令一定會特別標注：「本赦令是僅僅針對本案的個案個裁，法司不得作為同類案件的判例引用。」[12]

這裡必須說明：為什麼集議結果一般從法、從嚴，而由皇帝從赦、從輕；為什麼集議不直接給出從赦、從輕的結果，由皇帝直接加以批准。第一，但凡召集集議的案件，大多疑難不能決，集議意見很難達成一致，所以最終意見常常以法律為準，再額外列明

10《唐律疏議》第一二二條律疏：「……故律不定刑名，臨時上請。」

11《唐律疏議》第三〇條律疏：「……曹司不斷，依上請之式，奏聽敕裁。」

12 赦令屬於「一切之恩」，常常注明「後不得以為比」。這類史料很常見，例如《後漢書・劉愷傳》：「遭事之宜，後不得以為比。」

疑點與異議；第二，對民眾的恩德，必須出自君主，而不能出自臣子。[13]集議的結論如果從嚴，君主還有改議而從寬的餘地；集議的結論如果從輕，而事後被發現並不合理，君主難道要親自唱黑臉，改為從重嗎？須知，赦免是君主的權力，而司法應當是臣子的本分。

所以在下認為：集議的任務就是列出種種從寬的理由，將之作為附錄，列在依法處置的結論之後，等候皇帝依照慣例但不得作為判例的赦令。

13《韓非子・八姦》：「利於民者，必出於君，不使人臣私其德。」

觀點四

道德的歸道德，法律的歸法律

議郎蘇子昂陳詞

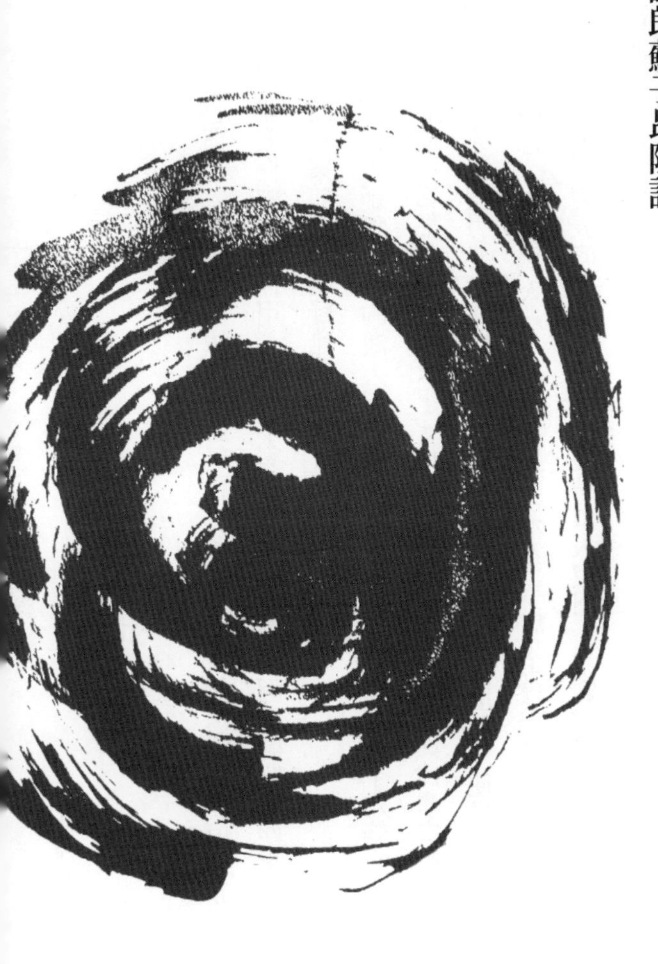

少司寇心細如髮地發現了法律的透氣孔，令人耳目一新。這個發現並非徒勞，也許會在其他疑難案件中發揮作用，但是本案無需多此一舉。因為疑難案件才需要按照他說的五步走，而本案並無半點疑難之處。

就法律而言，疑犯陳祥的殺人行為是否構成《律》第二百五十六條的謀殺罪？當然構成。大司寇府（當然也就是全天下）最精通法律的全體法官與律學家們對此都沒有異議，便能證明法律適用並無任何疑難。既然構成謀殺罪，那麼斬刑便是順理成章的結果。

就道德而言，陳祥殺人救父的行為是否符合孝道？當然符合。不僅符合一般的孝道，甚至符合朝廷旌表的準則，值得國史館載入史冊。半數律學家的良心不安、三千太學生的詣闕上書，就是明證。

本案之所以從洞陽縣廷，到離州府，到大司寇府，乃至剛才三位已經發表意見的同僚，都認為是疑難案件，正是因為他們把道德標準與法律標準混為一談。

在這一點上，嫌犯本人反而有著清晰的認知。大司寇回顧案情時提到，嫌犯有這樣一句令人震撼的口供：「殺人救父，義無反顧；觸法而死，死而無憾。」前半句，表明他對殺人行為的道德價值（義）一清二楚；後半句，表明他對殺人行為的法律後果（法）瞭如指掌。《論語》說：「求仁得仁，又何怨焉？」又說：「有殺身以成仁。」陳祥在道德層面的目的是盡孝道，如今陳父已經獲救，他的孝道已經完成；陳祥在法律層面的代價是被斬首，他對此無怨無悔。這不僅是他自己的口供，也是《論語》的教誨。

在本案中，道德與法律離則雙美，合則兩傷。所以我的建議是：第一，依照國之正法，陳祥謀殺罪成立，處以斬刑。這是法律層面的處置。第二，對他的墳墓與門楣加以旌表，宣傳他的大孝大義，令後世之人都能學習。這是道德層面的處置。[1]

1〔唐〕陳子昂〈復仇議狀〉：「謂宜正國之法，置之以刑，然後旌其閭墓，嘉其徽烈，可使天下直道而行。」（《陳子昂集》，上海：上海古籍出版社，二〇一三年，第一七六頁）

觀點五

反常案件應該用權道裁斷

御史章介之陳詞

議郎的陳詞出人意料地簡潔，他的錯誤也顯而易見。

◆法律與道德應當一致

他的裁決辦法，是把針對同一行為的兩種可能評價，簡單疊加。按照這個做法，世間將不可能出現兩難選擇，法律將不可能遭遇疑難案件。所謂「兩難」，誠如少司寇所云，必定是兩個核心價值相衝突，而必須定於一個判準。議郎的解決之道十分簡潔，只要取消「必須定於一個判準」的執著，讓兩個核心價值各還其軌、並行不悖就可以了。嫂嫂溺水，叔叔如果伸手救援，違背「男女授受不親」的禮法，卻符合「見義勇為」的大義。怎麼辦？按照議郎的辦法，很簡單：先依「見義勇為」獎其道義，再依「男女授受不親」責其淫亂。父親偷羊，兒子如果為之隱瞞，違反「嚴禁包庇窩藏」的法律，卻符合「親親相隱」的經義。怎麼辦？按照議郎的辦法，也很簡單：先依「包庇窩藏罪」處罰，再依「親親相隱」免罪。這種處理方式的荒謬之處，是顯而易見的。

議郎提出：法律的歸法律，道德的歸道德。這是不可能的。因為法律與道德不是兩回事，而是一致的。法律也是一種道德，並且是底線的道德。底線的道德是不應違反的，違反則有刑罰；高處的道德是很難達致的，達致則有旌賞。違反底線的道德，卻能達致高處的道德，這在邏輯上是不可能的。一個行為既符合高處的道德而應被旌賞，又違反底線的道德而應被懲罰，這在邏輯上是不成立的。

嫌犯殺人救父，如果在道德上應當受旌賞，那就不得基於同一行為而被誅殺；如果在法律上應當被誅殺，那就不得基於同一行為而受旌賞。處死一個應當被表彰的人，這是懲罰制度的混亂；表彰一個應當被處死的人，這是激勵制度的混亂。制度如果混亂，那麼老百姓就連手腳都不知道往哪裡安放。想要履行孝道的人，擔心因為孝行而被殺，就會狐疑困惑。議郎居然還想把這個被國家法律處死的孝子樹立為天下後世學習的榜樣！這種榜樣除了彰顯國家的治理理念自相矛盾，從而令民眾頭腦困惑、行為混亂，還有什麼意義呢？

現在大家齊聚一堂，群策群力集議這個法律難題，正是要從理論上探索制度的統一標準，從邏輯上排除一個既可能受賞又可能受罰的謬誤。[1]

此外，議郎引用《論語》認為嫌犯陳祥「求仁得仁」，不應該抱怨法律可能給予的負面評價。這也是對《論語》的誤解。

「求仁得仁」和「殺身成仁」，都是個人道德修養，而不是國家治理方略。即便是聖人，又何嘗不希望一個「仁」的行為，能有一個「利」的結果？孔子就說：「如果既能符合道義，又能榮華富貴，那麼就算給人當專職司機我也樂意！如果沒有這樣的便宜事，那我還是追求我認為對的事情好了。」[2] 換言之，「仁」的追求是自足的，無需外求的，只以自己的意志為轉移、不以國家的意志為轉移的。[3] 一個「仁」的行為一旦做出，仁的追求就已經實現。至於國家的評價是正面抑或負面，根本無足輕重。所以才說「求仁得仁，又何怨焉」。

個人可以求仁得仁，無需欣喜其利、抱怨其害。但國家的仁政，必須以德報德，以直報怨。個體的道德行為，獲得國家的正面評價；個體的不道德行為，獲得國家的負面評價。這就叫作「國家有道」，也就是「仁政」。

如果一個人為符合道義的行為，隨時做好了殺身成仁的準備，這是一個良好的人；

如果國家因此而認為這個人活該去死，這是一個糟透了的國家。如果這個國家殺死了這個人，卻去他的墳墓前敬獻花圈、隆重表彰，無異於砍斷一個人的手臂，卻給他安上一個美玉製成的假肢，[4]非但於事無補，唯顯精神錯亂。

以上是我對議郎的駁論。以下談談我贊成什麼。

◆反常案件須以權道裁斷

少司寇從程序的角度提出了重要的建議，值得認真對待。

1〔唐〕柳宗元〈駁復仇議〉：「旌與誅莫得而並焉。誅其可旌，茲謂濫，黷刑甚矣；旌其可誅，茲謂僭，壞禮甚矣。果以是示於天下，傳於後代，趨義者不知所以向，違害者不知所以立，以是為典，可乎？蓋聖人之制，窮理以定賞罰，本情以正褒貶，統於一而已矣。」（《柳宗元集校注》，尹占華、韓文奇校注，北京：中華書局，二〇一三年，第二九二頁）

2《論語．述而》：「富而可求也，雖執鞭之士，吾亦為之。如不可求，從吾所好。」

3《論語．顏淵》：「為仁由己，而由人乎哉？」

4《韓非子．用人》：「以德追禍，是斷手而續以玉也。」

他說：按照疑難案件的司法慣例，應當遵循州郡奏讞、群臣集議、皇帝恩赦的做法。這個另闢蹊徑的辦法，饒有啟發。不過這個辦法存在幾個內在困難。

第一，道德綁架皇帝，不是臣子應該做的。少司寇說：「對民眾的恩德，必須出自君主，而不能出自臣子。」但是他對君臣相處之道，可謂只知其一，不知其二。如果按照少司寇的建議，集議的結果是謀殺人罪成立，依法處斬，卻將種種從輕的理由附錄於後，暗示皇帝發布赦令。這豈不是要挾皇帝必須恩赦？如果皇帝出於某種考慮拒絕發布恩赦，豈非替臣子背黑鍋？皇帝表面上手握生殺予奪的決定權，實際上除了按照臣子的劇本「唱紅臉」，別無選擇。作為臣子，既遵守了嚴格司法的職分，又博得了為民請命的美名，又將一切黑鍋甩給皇帝，還美其名曰「臣子唱黑臉，君主唱紅臉」，真是把便宜都占盡了！

第二，期待皇帝發布赦令，違背「疑難案件個案個裁」的立法精神。少司寇一方面強調，「法律的透氣孔」的立法精神是將疑難案件交給司法，個案個裁；另一方面又主張存在著「大臣依照法律提交集議結果，靜候皇帝發布赦令」的司法慣例。這兩項主張也是內在矛盾的。如果這個「司法慣例」成立，那麼一切疑難案件必將獲得法律之外的恩赦，赦令附帶的「不得作為判例引用」的聲明就是無效的，「個案個裁」的立法精神也就不復存在；如果這個「司法慣例」不成立，那就無法期待皇帝會發布赦令，依照法律的司法集議將作為最終判決而生效，而這無疑違背了少司寇苦心探索「法律透氣孔」的初衷。

必須聲明，以上質疑並不意味著少司寇對程序的苦心探索毫無意義。恰恰相反，我只是試圖把幾個鬆動的釘子敲實。少司寇的錯誤，源自他大大低估了自己發現的程序方案的偉大意義。以下，我將引用大更化之前一位晉朝最高法官的理論，一次性解明本朝司法程序及其引用法源的全部意義。

這位法官的理論，可以用他那個時代特有的古語，凝練為十二個字：「主者守文，大臣釋滯，人主權斷。」[5]

「主者」就是法司，從縣廷、州府到大司寇的各級法司。法司審判，是司法的常態。法司唯一應當引用的理據，就是《律》的正文。即使是大司寇府的集議，也不過是吸收學養深厚的律學家加入，探討法律條文的可能性，而不能在《律》之外尋找理據。這就叫「主者守文」。這項工作，到大司寇府做出擬判為止，就已經結束了。換言之，本朝的疑案奏讞程序，大司寇府集議是一個關鍵節點。大司寇將擬判提交御前的那一刻，一個較《律》典更為廣闊的法源世界也就隨之開啟。

皇帝將本案下發集議。集議的參與者絕非更加精通法律之人（本朝最優秀的法律專家，早已在大司寇府集議之時全部亮相），而是大臣、言官、宗室、學者……每個人的所長都各不相同。他們不必在《律》的成規之內探討案件，因為不可能比大司寇府的集議做得更好。他們當然可以引用《律》，但也可以並且應當引用經典、禮儀、先例、法理……一切常行的原則與規範，都可以借來探討本案，直到將這個凝滯在法律血管中的堵塞物徹底疏通為止。這就叫「大臣釋滯」。

如果集議仍然無法解決疑難，那麼還有最後一道保險——「人主權斷」。在這裡，我必須岔出思路，先解釋一下「權」的意思。

眾所周知，天地間的至理，一般稱作「道」。「道」無所不在，充盈天地之間；「道」

無形無相，不受任何東西的約束；「道」隨時隨地在變化，無法被完全提煉和概括，無法用語言和文字表述。語言文字一旦表述「道」，就會立刻遺漏掉其無法表述、不可言議的部分。

依照「道」，每一個案件都是獨特的，應當被獨特地裁決。據說在大更化之前法律尚未出現的遠古時代，人們正是這樣做的。[6] 打個比方：甲盜竊一萬個銅幣，乙盜竊一萬零一個銅幣。假如甲應當判處一年徒刑，那麼乙應當獲得的最適宜的刑罰應當是一又萬分之一年徒刑。但是，法律不可能這樣細緻入微，不可能絕對地因人而異、因案而異地裁判，否則就等於取消法律。法律的特性是穩定。所以，人們即便不能完全地概括「道」本身，也應當努力將「道」中相對穩定的一部分提煉出來，這就是「經」。「經」是「常」的意思，是「道」的常態形象。

5《晉書・刑法志》載廷尉劉頌上疏：「法欲必奉，故令主者守文；理有窮塞，故使大臣釋滯；事有時宜，故人主權斷。」

6《左傳・昭公六年》：「昔先王議事以制，不為刑辟。」

「經」的載體包括經典、禮儀、先例、法理……「權」則沒有載體。「經」中最剛性、最穩定的一部分，就是「法」，載體是《律》。所以，「主者守文」相當於法司引用「法」裁決一般案件；「大臣釋滯」相當於群臣引用「經」裁決疑難案件。至於「經」都無法裁決的反常案件，應當由皇帝用「權道」加以裁決，這就叫「人主權斷」。

「權」是「道」除「經」外，剩餘的變化不居、不可捉摸的部分。「權」的本義是計重用的秤砣與砝碼。秤砣依據稱量物的輕重，變動位置；砝碼依據稱量物的輕重，錙銖必較。所以，「權」是衡量、變動的意思，是「道」的變態形象。《春秋公羊傳》對「權」有一個經典的定義：「權，就是違反了『經』的規定，卻產生了符合『道』的良好結果。」[7]

7《春秋公羊傳．桓公十一年》：「權者，反於經，然後有善者也。」

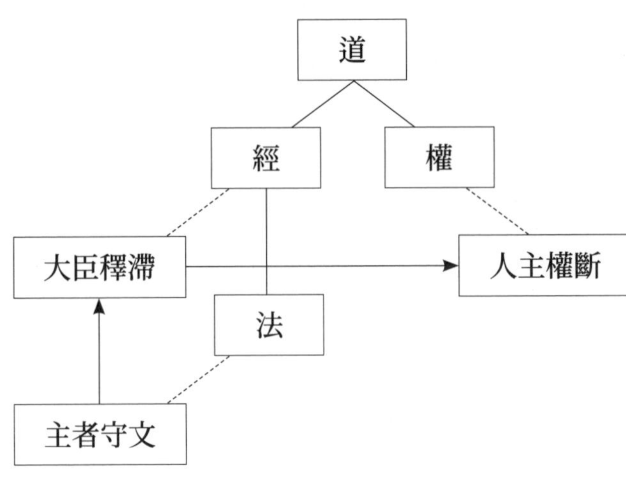

以上，我解明了本朝全部司法程序的法意。簡單概括一下：法司審判用「法」裁決一般案件，大臣集議用「經」裁決疑難案件，君主用「權」裁決反常案件。本案顯然屬法司審判與大臣集議都難以解決的反常案件，不但案情之離奇為數千年來所僅見，並且前面幾位大人的討論也是見仁見智，無從裁斷。所以，本案已經脫離了「法」與「經」能夠起作用的範圍。我們應當迅速結束徒勞無功的集議，將本案交由皇帝，進行最高層次的「權斷」。

觀點六

愛有差等，人命可以排序

經博士孟與陳詞

◆用權之害，大於行權之利

御史對「經」與「權」的概念，做了不厭其煩的解說。以經學的常識衡量，這些解說還算清楚，也沒有明顯的錯誤。值得稱道的是御史對程序的精采解讀，有助於我們達成集議啟動以來的第一項共識：「法」無力單獨裁決本案（如果可以的話，本案的最終裁決場合就是大司寇府）；要麼「經」，要麼「權」。如果是「經」，集議應當繼續；如果是「權」，集議應當立刻停止，因為依據御史所說（我將證明這種說法本身就是錯的），那將是皇帝的權力範圍。

御史的貢獻到此為止。以下，我將指出御史犯下的經學錯誤，以便於清理繼續集議的障礙。

第一，皇帝事實上沒有「權斷」的能力。

御史把「權斷」說得像使用秤砣與砝碼一樣輕鬆，仿佛任何一個小販都可以輕易勝任。事實上，「權斷」是一種極其高超的行政技巧，難度絕不亞於在萬丈高空走鋼絲。「權斷」如果不慎，危險度絕不亞於從鋼絲上失足跌落深淵。這絕不是危言聳聽，且來看看孔子的說法。

孔子說：「一群人可以一起學習，但不一定都能朝著『道』的目標前進。志同道合的人，可以一起朝著『道』的目標前進，但是能夠達到『經』的層次，並且穩穩立住的同伴，少之又少。少有的幾個能夠掌握『經』的人，大約無法掌握如何用『權』。」[1]孔子本人，早在十五歲就能立志朝著「道」前進了，直到三十歲才能到達並立在「經」的層次上，直到七十歲才能隨心所欲地在「道」的範圍內用「權」。[2]以孔子的天賦與努力，掌握權道尚且如此艱難，御史憑什麼認為皇帝有能力針對一起如此疑難的案件進行「權斷」？我並非大不敬得敢於質疑今上的個人能力。從理論上講，任何君主都不應當具備

1《論語．子罕》：「可與共學，未可與適道；可與適道，未可與立；可與立，未可與權。」

2《論語．為政》：「吾十有五而志於學，三十而立，四十而不惑，五十而知天命，六十而耳順，七十而從心所欲不逾矩。」按：「志於學」即「志於學道」的省語，「立」即「立於道」的省語。用經、權、道的概念解讀孔子的自述，是該博士的一家之言。

這樣的能力。因為一名理想的君主，應當是一名「法盲」。就連最贊成法律之治的法家，也這樣認為。

大更化之前的戰國時代，有一位王想要介入案件的審判。大臣說：「你想介入審判，何不試著讀一點法律？」王找來法律，讀了幾行，就昏昏欲睡。對此，《韓非子》評論說：「不做一個王該做的事，卻試圖做一個臣子該做的事，昏昏欲睡簡直是必然的結果。」[3]法律是人臣應當掌握的知識，君主無需掌握；審判是司寇應當承擔的工作，君主無需過問。從未掌握法律知識、從不過問審判工作的皇帝，怎麼可能有「權斷」的能力？

第二，除了聖人，沒有人能「權斷」。

當然，我認為皇帝沒有權斷的能力，並不意味著我認為集議諸公就有此能力。事實上，不應當認為任何人有能力「權斷」，除了已經死去的聖人。各位嘗試著想一想：「權斷」意味著什麼？意味著天下有這樣一個人，他有權力不經任何說明，擅自決定其他人的生死。因為「權」是「道」不可言說、不可捉摸的一部分，所以「權斷」一個人的生死，無需（也無法）做出說明。這和扔硬幣有什麼本質區別？諸位，法律文明進步至今日，雖然還存在諸多的不足，起碼一切都在人類理性的範圍之內。豈能容忍法律的最深處存在一個神祕的黑洞（而非「透氣孔」），隨時隨地可能吞噬世間的一切？

御史引用一位晉朝的法官的言論，就想為君主確立「人主權斷」的權力，這是沒有任何道理的。即便是君主，也只能在「經」的層次，對他一切決斷的依據做出合理性解釋，供天下人檢視。只有聖人，才有能力獨面幽深的道體，探索未知的邊界，將「道」的不可思議、不可捉摸的部分（權），不斷翻譯成可以思議、可以把握的部分（經）。而我們後世之人，只能遵循這部分來行事。[4] 換言之，本案必須在「經」的層面加以裁決，絕不能托諸神祕而不可知的「權」。

3《韓非子．外儲說左上》：「魏昭王欲與官事，謂孟嘗君曰：『寡人欲與官事。』君曰：『王欲與官事，則何不試習讀法？』昭王讀法十餘簡而睡臥矣。王曰：『寡人不能讀此法。』夫不躬親其勢柄，而欲為人臣所宜為者也，睡不亦宜乎？」

4《朱子語類》：「經者，道之常也；權者，道之變也。道是個統體，貫乎經與權。……所謂經，眾人與學者皆能循之；至於權，則非聖賢不能行也。」

有可能御史會覺得，只要找到一位當世聖人，就可以用權；也有可能御史會直截了當地認為，皇帝就是當世聖人，皇帝的旨意、裁判就是聖旨、聖裁。那麼我必須重申本朝形成的一個共識，那就是——

第三，聖人只能身後追認，世上沒有活著的聖人。

「活聖人」的危害，自大更化以來，我們領教過兩次了。第一次是亡朝的開國皇帝以行政命令自封「大聖」。可是他夢想千秋萬世奉承的「聖意」「聖法」「聖治」，如今僅殘存在幾塊歌功頌德的碑石上。第二次是大僭主將自己扮演成當世聖人，得到民眾的一致擁戴。可是他處心積慮制定的「聖制」卻給天下帶來了無盡的混亂與災難。本朝肇建，就嚴令禁止任何人自稱「聖人」或吹捧皇帝為「聖人」。[5]也許我們這個時代有偉大的聖君，但只有等他萬歲之後，才能蓋棺論定他能否享有美謚；也許我們這個時代有純素的聖臣，但只有等他百年之後，才能最終評定他能否陪祀孔廟。遠溯大更化之前，孔、孟、董仲舒、朱熹、王陽明……莫不是死後才有「聖人」之名，生前只能棲棲惶惶如「喪家之犬」。聖人不能活著成聖，這也許是聖人的悲哀，卻是時代的福音。[6]

第四，「人主權斷」將導致災難性的後果。

自前朝聖宗皇帝以來，君主就倚重擁有知識的士人，排斥建立軍功的勳貴。本朝更是逐漸形成了「天子與士人共治天下」的默契。[7]御史卻想打破這個默契，利用本案，

---

5 漢代君主不敢自稱聖人，光武帝明確下詔「禁人上書言聖」，這都是吸取秦始皇與王莽的教訓。參見邢義田《秦漢皇帝與「聖人」》，載〈天下一家：皇帝、官僚與社會〉，北京：中華書局，二〇一一年，第五九—六三頁。聖人及其言說，是中國古代最重要的法律淵源之一。時君能否稱聖，是中國傳統法律文明程度的一個晴雨表。所以這篇論文涉及非常重大的問題。

6 《論衡》反覆講到這個道理。如〈講瑞〉篇云：「桓君山謂揚子雲曰：『如後世復有聖人，徒知其才能之勝己，多不能知其聖與非聖人也。』」又云：「夫聖人難知，知能之美若桓、揚者，尚復不能知。……世儒見聖自謂能知之，妄也！」又如〈定賢〉篇：「聖人難知，賢者比於聖人為易知。世人且不能知賢，安能知聖乎？」

7 「與士大夫共治天下」是宋代的政治共識，也是一千餘年士大夫政治演生的高峰。相關論述可參見余英時《朱熹的歷史世界：宋代士大夫政治文化的研究》，北京：生活・讀書・新知三聯書店，二〇〇四年，第二一〇—二三〇頁；鄧小南《祖宗之法：北宋前期政治述略》，北京：生活・讀書・新知三聯書店，二〇〇六年，第四〇八—四二二頁。

為皇帝爭取「人主權斷」的權力。諸位，今上登基即位僅僅第三個年頭，行政經驗十分匱乏。御史剛剛還義正詞嚴地指責少司寇讓皇帝背黑鍋，如今他自己卻讓皇帝陷入黑洞，於心何忍？皇帝正是對本案沒有把握，才召集此次最高規格的集議，在座諸公作為本朝各個領域最傑出的菁英士大夫，尚且不能為主分憂，反而試圖把這個棘手的難題重新拋給皇帝？皇帝還能請教誰？無非轉交給宦官或外戚。宦官和外戚可不會像在座諸公一般謙虛退讓，一定會不管好歹，「貼心地」為皇帝裁決本案。外廷的士大夫沒有能力裁決，內廷的宦官、外戚有能力解決，御史大人試想，經此一役，年輕的皇帝今後會信任誰？今天士大夫退讓一分，明天君權就會擴張一分，後天不是閹禍橫行，就是外戚篡逆。真有那一天，今日列席的袞袞諸公，一個都不能免責，御史就是罪魁禍首！

第五，用「權」有苛刻的條件。

「經權」理論畢竟是一個經學問題，讓我們重新回到經學上來。剛才御史引用了一句《春秋公羊傳》，卻斷章取義。現在，我來完整引用被御史捨棄的部分。《公羊傳》說：「權道只有在這樣的情況下，才可以採用：如果不用『權道』，君主一定會死，國家一定會亡。除了君死、國亡的重大危機，絕不能以其他藉口，輕易用『權道』。用『權道』還有一定的規則：只能透過損害自己來用『權道』，不能透過損害別人來用『權道』。殺死別人以存活自己，這絕非君子所為。」[8]試問御史：本案到了「君必死、國必亡」的危急關頭了嗎？你想讓皇帝損害自己來使用「權道」嗎？如果兩個回答都是否定的，使用「權道」的依據何在？

不按規則行使的權道，容易淪落為野心家的權謀。歷史上早已有無數慘痛的教訓，我無心舉例。

◆愛有差等，人命可以排序

經過以上討論，既可以排除「權」的適用，也可以明確「法」在本案沒有用武之地。

8《春秋公羊傳．桓公十一年》：「不行權，君必死，國必亡。權之所設，舍死亡無所設。行權有道，自貶損以行權，不害人以行權。殺人以自生，亡人以自存，君子不為也。」

我們的任務就是透過集議，在「經」的範圍內為本案找到最妥善的解決之道。

有心人應該已經注意到了，剛才引用的《公羊傳》有句話觸及了本案：「殺死別人以存活自己，這絕非君子所為。」假設本案是陳祥與楊釋二人被困在洞穴之內，陳祥為了活命，殺死楊釋並且食用屍體，那就成立謀殺人罪，應當被判死刑。這一點，我想諸位應該都沒有疑問。本案的困難之處就在於：陳祥殺死楊釋，並不是「殺死別人以存活自己」，而是為了拯救自己危在旦夕的老父親。

在司寇府集議的時候，聽說有法官提出：「殺死一條人命，拯救一條人命，都是人命，法律怎能厚此薄彼？」我想請各位捫心自問：人命與人命，真的沒有厚薄彼此之分嗎？古人的確說過：「敬愛自己的父母，也要推廣這種愛心，敬愛別人的父母；疼愛自己的子女，也要推廣這種愛心，疼愛別人的子女。」[9] 試問：鄰居的父母和你的父母都掉進河裡，你先救誰？鄰居的子女和你哥哥的子女都要餓死，你手裡只有一個饅頭，給誰吃？[10]

偉大的君子，對於鳥獸草木都有愛惜之心，但是他會拔草餵羊。說明在他心目中，草木不如鳥獸。客人來了，他會殺羊待客。說明他對物只有愛惜之心，沒有仁心。如果手裡只有一個饅頭，饑荒之中只能救一個人，那一定是救親戚，而不是救客人。說明他對沒有血緣關係的人只有仁心，沒有親情。各種生命不相衝突的時候，君子會泛愛眾生；各種生命互相衝突、無法俱全的時候，君子一定會給生命排出次序，親戚優於普通人，普通人優於草木鳥獸。[11]至於各類親戚之中，父母又排列首席。[12]

由此來看，陳祥在諸人生命不能俱全的危局之中，選擇殺人救父，天經地義，無可厚非。

9《孟子・梁惠王上》：「老吾老，以及人之老；幼吾幼，以及人之幼。」

10《孟子・滕文公上》：「信以為人之親其兄之子，為若親其鄰之赤子乎？」

11《孟子・盡心上》：「君子之於物也，愛之而弗仁；於民也，仁之而弗親。親親而仁民，仁民而愛物。」又：「仁者無不愛也，急親賢之為務。」

12《史記・屈原賈生列傳》：「天者，人之始也；父母者，人之本也。」

◆有比人命更高貴的價值

如果諸位嫌以上說法還不夠透徹，那麼我願再做一點補強。

如果有人堅持認為生命不可比價，陌生人的命與父命不可比價，甚至極端地認為一個人的生命與十個人的生命孰輕孰重也不可比價——據我所知，在西極大洋之中，有一個叫作紐卡斯的蠻邦，提出過類似「奔馬失馭，直道而踐五孺子乎，抑變道而踐一孺子乎」的名家詭辯之論——那麼不妨直接指出：本案本質上並非人命與人命的比價。

戰國時代的孟子曾說：「魚，是我喜歡的美食；熊掌，也是我喜歡的美食。兩樣美食只能吃一樣，那還是捨棄相對廉價的魚，吃珍貴的熊掌吧。生命，我不忍心拋棄；道義，我也不忍心拋棄。生命和道義必須拋棄一樣，那還是拋棄生命，追求更高貴的道義吧！」[13]

剛才我對人命進行了排序。其實生理意義的人命之所以能夠排序，是因為有的生命蘊含著更為高貴的價值。民間有句流傳廣泛的諺語：「百善孝為先。」一切價值之王，就是孝道。這句俗諺包含的樸素真理，可以在經典之中得到印證。《孝經》說：「人的德行，以孝道為最大。孝的對象，以父親為最大。」[14]本案嫌犯陳祥遵循聖人與經典的教誨，在人命與道義的兩難之中，毅然追求比人命更高貴的價值，難道有什麼錯嗎？

13《孟子．告子上》：「魚，我所欲也；熊掌，亦我所欲也。二者不可得兼，舍魚而取熊掌者也。生，亦我所欲也；義，亦我所欲也。二者不可得兼，舍生而取義者也。」

14《孝經》：「人之行莫大於孝，孝莫大於嚴父。」

觀點七

孝行不能越出私門危及第三人

中執法張鷟陳詞

◆本案不是生命與價值的衝突，而是兩種價值的衝突

讓我嘗試複述孟博士剛才的論證邏輯。大前提：生命誠可貴，但有比生命更可貴的價值。在這個價值面前，應當捨棄生命。這個前提出自《孟子》，我當然沒有異議。小前提：陳父的生命蘊含著孝道的價值，而孝道是一切價值之王。結論：應當捨棄被害人的生命，以成全最高貴的價值——孝道。

對於孟博士的小前提，我有兩點質疑：

第一，孟博士剛才引用《孟子》的「捨生取義」，之前還有大人引用《論語》的「殺身成仁」。但我必須提醒諸位注意：殺身成仁，殺的是自己的身；捨生取義，捨的是自己的命。而本案嫌犯，殺的是別人的身，捨的是別人的命。本案被害人楊釋，是不對陳氏父子負有任何道德義務的無辜第三人。所以殺死被害人這個小前提，不適用「捨生取義」的大前提。

第二，孟博士認為陳父的生命蘊含著「孝道」的價值，這沒有問題。但是，孟博士

為何不嘗試探索一下被害人的生命所蘊含的價值，就草草認定這是一條沒有價值的生命，急匆匆進入所謂價值與生命的比價？也許孟博士認為，被害人與陳氏父子無親無故，不存在任何的倫理關係，所以其生命沒有價值可言。嫌犯殺死被害人時，並不存在價值的兩難衝突。這一判斷是錯誤的。

必須指出，本案的確存在兩難，否則便不會經由奏讞程序，召集此次最高規格的集議。但這個兩難，既不是生命與生命的排序，也不是價值與生命的比價，而是價值與價值的權衡。被害人的生命所蘊含的價值，絕不遜色於「孝道」，恰恰相反，足以與「孝」分庭抗禮。那就是「忠」。

「孝」在本案中反映得淋漓盡致、一目了然，但「忠」似乎不太明顯，必須稍作解釋。《詩經》有云：「溥天之下，莫非王土；率土之濱，莫非王臣。」陳氏父子與楊釋，都是華朝的百姓，都是皇帝的子民，他們都應當遵循華朝的法律，效忠於國家。如果違反法律，挑戰天子的權威，那就是不忠。所以，陳祥殺害楊釋，殺害的對象便是華朝天子的子民，破壞的價值便是保護楊釋生命的國法。這是一個「不忠」的行為。本案的核心價值衝突，是「忠」與「孝」。[1]

少司寇對「移孝作忠，化家為國」做了精采的解說，並且一針見血地指出我們這種價值體系的核心衝突與理論癥結，那就是：「假如父與君、家與國的利益發生正面衝突，忠與孝兩種義務難以兩全，怎麼辦？」但遺憾的是，少司寇稍一觸及這一實質問題，便知難而退，轉而從司法慣例與程序的角度尋求解決方案。回避問題不是明智的做法，我們必須直面衝突，深入病灶，一勞永逸地解開癥結。否則我們的後人必將世世代代困於夢魘，無法自拔。

◆ 忠孝各有適宜的場合，不應越界

「忠」與「孝」，孰高孰低？孤立而純粹的討論，永遠不可能獲得確定無疑的解答。所以，下面這個才是有效的提問：什麼情況下，忠高於孝？什麼情況下，孝大於忠？如果解決了這個問題，那麼我們只需要分辨本案屬哪種情況即可。我認為，這個問題是可以解決的。

忠與孝孰高孰低，應當看場合。在家門之內，私的領域，私恩掩蓋公義；在家門之外，公的領域，公義裁斷私恩。[2]

不妨先從一件小事情說起。民間有個習慣，父母再有學問，絕不親自教育子女，必須另請家庭教師。因為但凡教育，必須以道義要求子女。如果子女做不到，父母就會生氣、批評、斥責。子女挨了罵，就會反唇相譏：「你要我一言一行都符合道義，你自己做到了嗎？」這樣一來，父母子女之間就會互相責備、互相怪罪，關係也會越來越差。這叫「君子不教兒子，家裡不論是非」。[3] 家庭成員之間，以是非標準互相嚴格要求，

1《韓詩外傳》：「不私其父，非孝也；不行君法，非忠也。」又《毛詩》鄭玄箋：「無私恩，非孝子也；無公義，非忠臣也。」

2《禮記・喪服四制》：「門內之治恩掩義，門外之治義斷恩。」

3《孟子・離婁上》：「公孫丑曰：『君子之不教子，何也？』孟子曰：『勢不行也。教者必以正；以正不行，繼之以怒；繼之以怒，則反夷矣：『夫子教我以正，夫子未出於正也。』則是父子相夷也。父子相夷，則惡矣。古者易子而教之，父子之間不責善，責善則離，離則不祥莫大焉。」

就會傷害親情，得不償失。所以家門一旦關閉，就是私的港灣，親情的天下。再破的家，風能進，雨能進，皇帝的法律不能進。[4]

「親親相隱」，就是如此。春秋時代，在南方的一座小城鎮，有個父親偷了一隻羊，喜滋滋回到家，兒子立刻向官府檢舉揭發，並在法庭審判中擔當證人，大義凜然證明父親盜竊的罪行。孔子聽說之後，搖頭嘆息。他說：「父親為兒子隱瞞罪行，兒子為父親隱瞞罪行，這才是妥善的做法啊！」[5]本朝《律》典第四十六條規定：「近親屬之間，應當相互隱瞞罪行。」[6]家門之外，官府正在依法追捕罪犯，這是國法公義；家門之內，父母子女基於血緣親情，溫情脈脈地互相幫助，共同對抗國家的法律，這是家道私恩。家裡沒有法律，親情就是最大的法律；家裡沒有國王，父母就是最大的國王。

但是另一方面，一旦敞開家門，遊戲規則就變了。每個家庭各行其是、各私其親，家庭與家庭之間的衝突必將激烈而不可調和。被救的陳千秋固然是陳祥的慈父，受害的楊釋難道就不是他人的仁兄愛子？而國家的任務，就是調和家庭之間的關係，這就是國法的起源。血緣是親情的邊界。親情的邊界，就是國法的起點。所以《律》第四十六條補充規定：「近親屬如果犯了謀反、謀叛、謀大逆這樣嚴重危害國家安全的大罪，不得互相隱瞞罪行。」[7]

「孝」的主場，在家門之內；再忠心的臣民，也不應該檢舉揭發犯了普通罪行的父親。「忠」的主場，在家門之外；再孝順的兒子，也沒有理由強迫別人孝順自己的父親。本案嫌犯在洞穴這一公共場合，違背他人意志，殺害無辜的第三人，用以踐行自己的孝道，理當依照國法，處以斬刑。

---

4 請注意：君主不能入侵的「家」，在中國是倫理領域，在西方「風能進，雨能進，國王不能進」的諺語中，是物權領域。

5《論語．子路》：「葉公語孔子曰：『吾黨有直躬者，其父攘羊，而子證之。』孔子曰：『吾黨之直者異於是。父為子隱，子為父隱，直在其中矣。』」

6《唐律疏議》第四六條：「諸同居，若大功以上親及外祖父母、外孫，若孫之婦、夫之兄弟及兄弟妻，有罪相為隱。」

7《唐律疏議》第四六條：「若犯謀叛以上者，不用此律。」疏：「謂謀反、謀大逆、謀叛，此等三事，並不得相隱，故不用相隱之律，各從本條科斷。」

觀點八

臣才有忠孝衝突，子只有孝的義務

大夫董熹陳詞

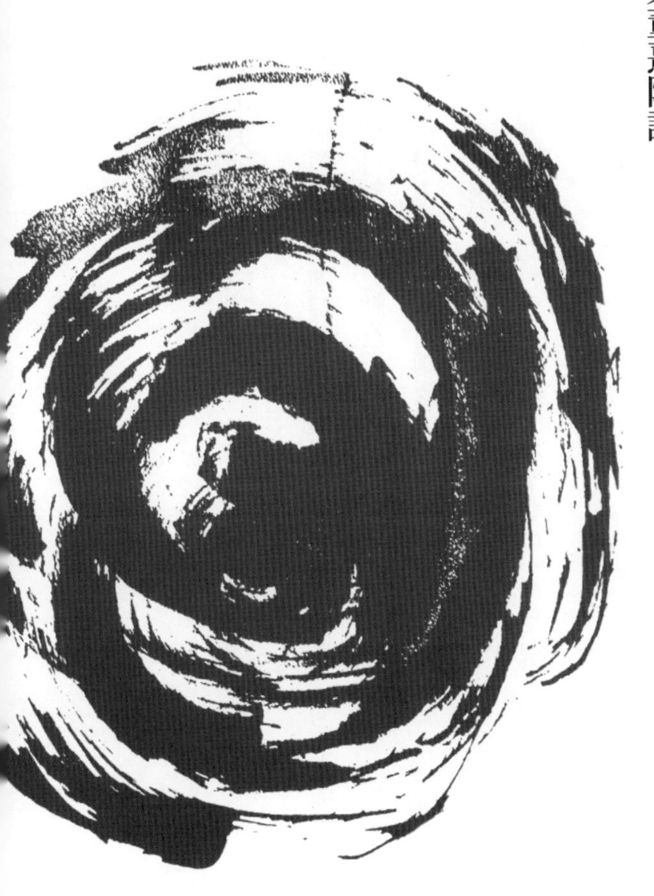

◆人民並不天然是臣民

中執法大人旁徵博引的陳詞，充分暴露了他的閱讀盲區。他不僅對《詩經》《禮記》走馬觀花，甚至很可能壓根兒就沒有讀過《孟子》。

中執法的邏輯是：每個人都有兩重社會身分，一是父的子女，二是君的臣民。在家門之內，子女是主要身分，臣民是次要身分，此時孝大於忠；在家門之外，臣民是主要身分，子女是次要身分，此時忠大於孝。本案屬後一種情況，因此父子的私恩應當讓位於君臣的公法。

每個人都是父母的子女，這一點當然沒有問題。可是，為什麼每個人都天然就是君主的臣民呢？中執法顯然知道此處邏輯存在缺環，所以特意引用了一句膾炙人口的《詩經》：「溥天之下，莫非王土；率土之濱，莫非王臣。」他望文生義地認為：既然全天下都是君主的土地，那麼生活在土地上的每個人自然都是君主的臣民。本案嫌犯陳祥也不能例外。

遺憾的是，《孟子》早就將這種望文生義、斷章取義的錯誤解讀，作為反面教材昭告天下後世了。既然中執法大人日理萬機，沒有空閒閱讀《孟子》，那我就不憚辭費，簡單地普及一下吧。

這兩句詩出自《詩經．小雅．北山》，上下文是這樣的：

一群群的公務員，
早晚加班沒個完。
公家的事沒有盡頭，
想起父母我心傷憂。
普天之下呀，哪塊地不屬國家？
四海之內呀，哪個人不歸王管轄？
領導分配工作為何如此不公，
光把我一個人往死裡用？[1]

讀完全詩就知道，「溥天之下，莫非王土」的意思並非「溥天之下，莫非王土」，「率土之濱，莫非王臣」的意思也不是「率土之濱，莫非王臣」。這兩句話的誇大其詞，都是為了反襯下文領導分配工作的畸輕畸重。所以《孟子》特別強調：不要執著於呆板的字句，而妨礙了對詩歌意圖的理解；如果「率土之濱，莫非王臣」真的就是「率土之濱，莫非王臣」，那麼「周餘黎民，靡有孑遺」豈不就是說周朝的民眾全死絕了？[2] 我今天早晨上朝，還聽到朝門口的兩闕之下，有太學生在大發牢騷：「這樣簡單一個案件，滿朝公卿竟然爭執這麼久還沒個結果，真是厲害了我的國！」如果此語流傳千年之後，被人如此引用，「千年之前，民眾曾經自豪地謳歌道：『厲害了我的國』」，豈非令人哭笑不得？

執著於呆板的字句，必將絕緣於詩歌的真實意圖；而用幾千年前的誇張詩歌，論證當代民眾與君主之間的人身隸屬的法律關係，更屬牛頭馬嘴、陰差陽錯。

那麼，君主與民眾之間，究竟是何關係？讓我費點口舌，從源頭說起。茫茫太古，有天地民眾，而沒有君主。當此之時，民眾不是任何人的臣。即便是古典時代最為君主辯護的法家，也不得不承認：此時的世上只有「天民」「生民」，而無「臣民」。[3] 隨著時代的發展、社會組織的複雜化、利害關係的劇烈化，君主出現了。難道因為君主出現，便使得所有「天民」自動轉變成「臣民」？當然不是如此。毋寧說：正是因為有人主動放棄「天民」的資格，以「臣民」的身分臣服於另一個人，這才出現了君主吧！

所以問題就在於：一個人為了什麼，可以主動放棄「天民」資格，轉變為人身依附他人的「臣民」？

正如顧生曾經引用的，古典時代的典籍告訴我們：上天生育了萬民，又多此一舉，

---

1 《詩經・小雅・北山》：「偕偕士子，朝夕從事。王事靡盬，憂我父母。溥天之下，莫非王土。率土之濱，莫非王臣。大夫不均，我從事獨賢。」詞句理解與翻譯，參考了金啟華《詩經全譯》，南京：江蘇古籍出版社，一九八四年，第五一五頁。

2 《孟子・萬章上》：「是詩也，非是之謂也。勞於王事，而不得養父母也。曰：『此莫非王事，我獨賢勞也。』故說詩者不以文害辭，不以辭害志。以意逆志，是為得之。如以辭而已矣，〈雲漢〉之詩曰：『周餘黎民，靡有子遺。』信斯言也，是周無遺民也。」

3 法家的國家起源理論與自然社會中民眾的生存狀態，可參見《商君書・開塞》「天地設而民生之」一節。

為他們設置了一名君主，是為了便利他們的生活，而非妨害他們的生活。[4]無論如何巧為之辭，君主支配臣民的合法性，只能來自他的這一承諾：我將給天下萬民帶來源源不絕的「利」。這一承諾一旦失效，時代的紅利一旦歸零，那麼君主對自己的一切裝扮，什麼天命所歸、民心所向、大勢所趨，都將煙消雲散。民眾拋棄一個不能給自己帶來紅利實惠、只會給自己帶來弊端暴政的君主，絕不會有半點眷戀猶疑。[5]無論古典時代還是大更化以後，數十個王朝的更迭循環，無不雄辯地證明了這一點。

一個自由的「天民」自願成為受君主拘束的「臣民」，無疑也是基於「利」。不過臣民之「利」又可以分為兩種情況。

有一種人，為了自身的利益最大化，寧可放棄自由的人格、獨立的精神，去做一名「臣民」。他們精於揣摩君主的心思，不僅要做到凡事急君主之所急，想君主之所想，甚至要揣摩出君主自己都沒有意識到的欲望，揣摩君心於無形無色之中。為了君主，不要說吃苦耐勞、忍辱負重、強顏歡笑，就算放下身段、揮刀自宮，亦在所不惜。這種人，就是宦官、宮妾之臣。在座諸公都不是這種臣，嫌犯陳祥當然也不是。

還有一種人，受君主大義之感召，為天下蒼生之福利，毅然放棄「天民」之自由，躬身入局，接受君主的領導，做了一名「臣民」。這種臣，與君主只有行政分工之不同，並沒有貴賤之分。對於此種臣民而言，每個人都既是父的子女，也是君的臣民，這才有中執法所謂「忠」「孝」衝突的兩難抉擇。在座諸公少讀聖人書、長立君王朝，都是此種臣民。就我所知，嫌犯陳祥是一個本分的農民，從來沒有參加國家官員選拔考試。他只是一名自立於天地之間、自食其力的「天民」「生民」，從來都不是君主的「臣民」。

我再強調一次：「率土之濱，莫非王臣」只是古人發牢騷的戲言，不足為據。任何人都天然就是天地之生民、父母之子女，而絕不天然是君主之臣民。只有為了天下蒼生的福利，暫時放棄天民資格之人，才在該時段內成為君主的臣民，才有子女、臣民的雙重身分，才有忠孝的價值衝突。本案嫌犯陳祥從來沒有想過要分擔君主治理天下的責

4《左傳．文公十三年》：「天生民而樹之君，以利之也。」

5《尚書．蔡仲之命》：「民心無常，惟惠之懷。」

任，更沒有參與任何國家官員選拔考試。君主對於陳祥而言，只是一名路人。[6] 陳祥在本案中並沒有遭遇「忠」「孝」的價值衝突，不能適用中執法所謂「家門之外，忠大於孝」的原則。

◆本案發生於兩個法域的界緣

中執法大人的第二個錯誤，是對《禮記》所謂「在家門之內，私的領域，私恩掩蓋公義；在家門之外，公的領域，公義裁斷私恩」（門內之治恩掩義，門外之治義斷恩）的誤讀。中執法不止一次使用了「敞開家門」之類形象的說法，令人誤會似乎這個法治原則真的就以一扇木門為界，門內、門外適用截然不同的兩套遊戲規則。那我試問一個調皮的問題：「假如我一腳站在家門之內，一腳站在家門之外，中執法大人又將把我繩之以哪套法網呢？」

這不是抬槓，這是邏輯與語言的較真。事實上，「家門之內」與「家門之外」既不能以木門為界，亦未必是公私的判分。古典時代的官方注疏早已說得很清楚：「家門之外，是指在朝廷、官府這一類政治場合。既然在朝廷做官，那就必須以公義限制私恩的有效範圍。」[7]毫無疑問，本案的案發地——洞穴，既不是家門之內，更不是朝廷之上，而是介於二者之間的一個場合。所以，本案既不能單純適用家法族規，也不能簡單套用朝章國法。本案發生於兩個法域的界緣，必須視當事人的社會角色，定其法域歸屬。[8]如前所云，嫌犯陳祥只有「子」的身分、「孝」的義務，而無「臣」的身分、「忠」的義務，所以應以私恩掩蓋公義，而非以公義限制私恩。所以我主張：陳祥無罪。

6 本節觀點主要參見《明夷待訪錄．原臣》。如「君臣之名，從天下而有之者也。吾無天下之責，則吾在君為路人」。

7《禮記．喪服四制》孔穎達疏：「門外，謂朝廷之間。既仕公朝，當以公義斷絕私恩。」

8 國法與家法的互動，及兩者之間的界域，是法律史一個經典命題。例如呂思勉〈論學叢稿．駑牛雜談〉描述中國古代法律的實況云：「中國之法律，為家族所隔閡，只能施於家族團體之外，不能深入於家族團體之中。」（《呂思勉全集》第十一冊，上海：上海古籍出版社，二〇一五年，第二九七頁）

◆人情可以抗禦公權，公權無法消滅人情

對本案的看法，已經陳述完畢。在整個陳詞的結尾，我想畫蛇添足，探討一下身為臣民的忠孝衝突問題。

誠如上述，子只有孝的義務，臣才有忠孝衝突。那麼問題來了：當一名臣民，腳跨家門內外，身處兩大法域的界緣，面臨殺人救父的抉擇之際，又當如何自處呢？如果直接陳說結論，那麼我想引用古典時代一句簡單明瞭的格言：「為了父親，可以暫時割棄君臣關係；不能為了君主，而有片刻割棄父子關係。」[9]以下，我從原理、制度、經典、史事四方面略加證明。

首先，從原理上講，父親在公共政治、私人情感的雙重向度上，均占至高無上的地位。將對待父親的私人情感，移情至母親，所以母親也有「至親」的單一向度；將對待父親的政治尊敬，轉化至君主，所以君主也有「至尊」的單一向度。可是君主無法與父親比親，恰如母親無法與父親比尊。兼具至尊、至親雙重向度者，唯有父親。[10]

其次，從制度上講，子女為父親的喪服重於臣民為君主的喪服。眾所周知，自古以來，親屬關係的法律判定均以五等喪服制度為準則，這叫「準五服以制罪」。查閱本朝的五服制度，臣民為君主服最重一等的斬衰三年喪，子女也為父親服最重一等的斬衰三年喪。可見以子女而兼具臣民雙重社會角色的自然人，確實具有「忠」「孝」不相上下的價值衝突。但是細讀制度，即可發現：子為父服的斬衰服，用麻布三升；臣為君服的斬衰服，用麻布三升半。[11]用布越少，衣服越粗糙，表明服喪者的哀痛程度越重；用布越多，衣服越細密，表明服喪者的哀痛程度越輕。君臣、父子的輕重緩急，就在這半升麻

9《六德》：「為父絕君，不為君絕父。」見《郭店楚墓竹簡》，北京：文物出版社，一九九八年，第一八八頁。

10《孝經》：「資於事父以事母，而愛同；資於事父以事君，而敬同。故母取其愛而君取其敬，兼之者父也。」《正義》引劉炫曰：「母，親至而尊不至，豈則尊之不極也？君，尊至而親不至，豈則親之不極也？惟父既親且尊，故曰兼也。」

11《儀禮．喪服》：「衰三升，三升有半。」唐賈公彥疏：「以父與君尊等，恩情則別，故恩深者三升，恩淺者三升半。」

布的細微差別之中。

復次，從經典而言，君臣關係是第二義，父子關係是第一義，當二者不能兩全時，應當割斷君臣關係，保全父子關係。孟子的弟子曾經提出一個兩難的思想實驗：「假如天子的父親殺人，法官應當怎麼辦？」孟子說：「當然應該秉公執法，將殺人犯逮捕歸案。」弟子追問：「天子是否應當動用公權力，阻止法官的追責？」孟子說：「當然不可以。」弟子最後問：「那麼，天子處於這樣尷尬的境地，應當怎麼辦？」孟子回答：「他應該拋棄天子的社會角色，褪回生民的身分，扮演好兒子的社會角色，偷偷背著老父親，逃竄到天涯海角，在那裡父慈子孝、盡享天倫之樂。」[12]由此可見，即便天子本人，當公私不能兩全之際，也唯有割捨公權，顧全人情。

最後，從史事而言，君主、父親孰重孰輕，歷史早有定論。古典時代，有位太子曾經設置一個假想的辯題，「如果你的父親和君主都生了絕症，你手上只有一顆救命丸，請問：救君主，還是救父親？」現場一百多人議論紛紛，只有一位卓有名望的學者一聲不吭，不屑參與辯論。太子感到奇怪，禮貌詢問他的意見。這位學者乾脆利落地回答：

「救父親。」說罷，絕口不再陳述理由。現場眾人包括太子在內，都不敢再逼問。這場辯論就此作罷。[13]太子設置的這個兩難困境，與本案疑犯陳祥的處境非常相似，解答也異常簡單，不過就是那不需要贅述理由的三個字：「救父親。」

我誠懇希望，各位侈談化家為國、移孝作忠一類高深道理時，千萬不要忘記最貼近的常識：公權只是可利用的工具，人情才是可感知的狀態；用公權消滅人情，是反常識、反倫理的；以人情抗禦公權，才是人之常情、事之常理。

12《孟子．盡心上》，桃應問曰：「舜為天子，皋陶為士，瞽瞍殺人，則如之何？」孟子曰：「執之而已矣。」「然則舜不禁與？」曰：「夫舜惡得而禁之？夫有所受之也。」「然則舜如之何？」曰：「舜視棄天下，猶棄敝蹝也。竊負而逃，遵海濱而處，終身欣然，樂而忘天下。」

13《三國志．邴原傳》裴松之注引《原別傳》：太子燕會，眾賓百數十人，太子建議曰：「君父各有篤疾，有藥一丸，可救一人，當救君邪，父邪？」眾人紛紜，或父或君。時原在坐，不與此論。太子諮之於原，原悖然對曰：「父也。」太子亦不復難之。

觀點九

孝子揚父之美，不陷親於不義

太傅孔禮陳詞

前面三位先生的陳詞，令我陷入深深的疑惑。他們的觀點雖然截然相反，可是在以下這一點上均無異辭：本案嫌犯陳祥是個孝子，他殺人救父的行為履行了孝道。雙方所爭，只不過在孝與命孰輕孰重、忠與孝孰高孰低。他們甚至越說越遠，說到了詩歌的理解、麻布的粗細，卻始終言不及義，沒有一個人觸碰問題的核心。所以，請原諒在下截斷眾流，避開諸位大人熱心研討的細枝末節，質問一個前提性的問題——

陳祥殺人救父的行為，真的能算孝行嗎？

為了方便理解，且容在下先講述一個不相干的故事。在遙遠的大更化之前，有一位國君，十分疼愛自己的幼子，一心想要讓這位幼子取代長子，成為君位的繼承人。那個時代的政治地位繼承制度，與今天一樣，都是嫡長子繼承。國君內心激烈交戰：一會兒是理性占上風，放棄了這個不符合制度的邪念；一會兒是私欲占上風，預備悍然違反制度，強行動用公權，廢長立幼。可是他在生命的最後時刻，終於還是將君位傳給長子，隨後便撒手人寰。

有趣的事情來了。這位長子道德崇高。他登基即位的第一天，就昭告全國，「我的父親是帶著遺憾而死的。他生前最大的心願，就是將此君位傳與我的弟弟，可是因為我的存在，未能如願。現在，我宣布：我要實現父親的遺願。我現在暫時替我弟弟代理君主的事務，等弟弟成年之際，立刻將權力的鑰匙交到他的手中，作為禮物！」

一眨眼，很多年過去了，弟弟即將成年，國人矚目的時刻即將到來。就在這時，一個奸邪小人私下揣測這位長子——也就是現任國君的心意，他覺得：任何人一旦嘗到權力的滋味，就再也沒有撒手的可能，這位高尚的國君也不可能例外。現在這位國君肯定早已後悔，不想退位讓賢了；只是苦於即位之初的那番信誓旦旦的豪言壯語，無法反悔。如果有人能給現任國君遞一個臺階，將來必能平步青雲。

這個奸邪小人打定主意，找到國君，遊說：「您執政多年的功績有目共睹，全國民眾都擁戴您，請您務必繼續連任，不要困於當初的誓言，做出退位讓賢的傻事！」國君卻笑道：「我的心意仍像即位之初一樣堅定，沒有半分改變。你不必多言。」

奸邪小人見勢不妙，立刻找到那個弟弟，挑撥道：「我剛才探了你哥哥的口風，他早已反悔，不僅不想讓位與你，反而想將你除掉。你必須早做打算！」弟弟驚懼之下，次日懷揣利刃進宮，參加成年典禮。就在這場盛大的宴席之上，國君兄長剛剛取出權力的鑰匙，正想掛上弟弟的脖頸，忽然感到胸口一陣刺痛冰涼。他驚訝地發現，弟弟已將一柄匕首捅進了他的心窩。

這當然是一個悲傷的故事。不過在座諸公早已過了傷春悲秋替古人唏噓的年紀，且讓我們來想想：這一場悲劇的罪魁禍首究竟是誰？是首鼠兩端、舉棋不定的老國君？是撥弄是非的奸邪小人？還是恩將仇報的弟弟？都不是。《穀梁春秋》早已細緻入微地剖析出，國君兄長才是最應該被責備的那個人。

老國君生前，心中有兩個念頭。一個是正念：依照制度，傳位嫡長子；一個是邪念：廢棄制度，傳位幼子。他天人交戰，掙扎良久，最終以正念戰勝邪念。我們不能責備這位老國君，因為法律不能懲罰動機。廢長立幼的動機雖然違法，好在始終停留在動機的層面，始終沒有付諸實踐，最後被老國君帶進了棺材，無法再為害人間。

可是，這位繼任的兄長國君卻急切地擺出一副孝子的模樣。他口口聲聲要實現父親的「遺願」，一意孤行到了根本不顧什麼才是父親的「遺願」的程度。父親明明有兩個念頭，他卻對父親的正念視而不見，全然不顧父親艱苦掙扎的成果，悍然將父親藏之心底的邪念公之於眾。試問，這何異於剖棺曝屍？這是一個孝子之所行嗎？

一個父親，既非聖人，當然有正念，有邪念。作為孝子，應當隱瞞父親的邪念，發揚父親的正念。這位兄長國君無視父親的正念，發掘父親的邪念，付諸實施，釀成悲劇性的後果，不僅違法，而且不孝。[1]《春秋》的以上分析，鞭辟入裡，發人深省，對本案亦深有啟發。

諸位在感慨陳祥的孝心孝行之時，千萬不要忘記陳父的意願。孝道，不是孝子一個人的獨角戲，而是子女的孝行與父母的正念相吻合的道德評定。所以，讓我們來回憶一下，本案中陳父的所作所為、所思所想。

大家應該還記得，陳祥一開始割股啖親，將自己大腿上的肉削下，呈給老父親之時，

1《春秋穀梁傳・隱西元年》：「孝子揚父之美，不揚父之惡。先君之欲與桓，非正也，邪也。雖然，既勝其邪心以與隱矣。已探先君之邪志而遂以與桓，則是成父之惡也。」以上案例，即魯惠公、隱公、桓公的故事。

陳父表示了明確的拒絕。他說：「我絕不會吃這塊肉。你如果再做這樣的事情，我立刻咬舌自盡！」試問：陳父究竟是什麼意思？我覺得，這句話可以從兩種可能性的維度加以理解。

第一種可能，陳父拒絕吃人肉。因為在他的觀念之中，食用人肉是悖逆人倫、傷天害理的行為。如果在這種情況下，陳祥趁父親昏迷不醒，殺死無辜的第三人，並且將其血肉餵食父親，這就是違背父命，不孝。

第二種可能，陳父拒絕吃兒子的肉。他的言下之意是：「我不能吃你的肉，我想吃他人的肉。」那麼，這就是一個典型的惡念、邪念。陳祥趁父親昏迷之際，發掘父親的邪念，並且付諸實踐，這是《穀梁春秋》所謂「成父之惡」，仍屬不孝。

《孟子》有一句名言：「不孝有三，無後為大。」可是大家往往忘記了前面兩種不孝是什麼。且讓我明確引用其中與本案密切相關的一條：「明知父母是錯的，卻歪曲自己的心意，順從父母的過錯，從而陷父母於不仁不義的道德低地，這是第一種不孝。」[2]本案嫌犯陳祥，要麼違背父命，要麼成父之惡，均為陷親於不義，屬典型的不孝行為。

陳祥殺人分屍，是為不忠違法；背命陷親，是為不孝悖德。無論從法律抑或道德評價，均應處以極刑。

2《孟子・離婁上》：「不孝有三，無後為大。」東漢趙岐《孟子章句》：「於禮，有不孝者三事：阿意曲從，陷親不義，一也；家貧親老，不為祿仕，二也；不娶無子，絕先祖祀，三也。三者之中，無後為大。」

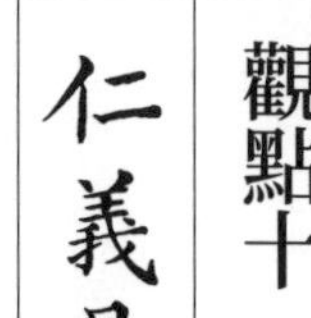

觀點十

仁義是比忠孝更基礎的價值

太學祭酒朱九庠陳詞

◆有比「忠」「孝」位階更高的價值

太傅的陳詞別開生面，提示先前的陳詞也許步入了一個這樣的誤區：對嫌犯行為的道德評價未加審視，直接賦予某種諸如「孝」之類的正面評價，而後困於法律評價與道德評價互相背離的兩難之中不能自拔。這是集議陷入僵局的根本原因。太傅認為嫌犯的行為即便從道德而言，也是錯誤的。我完全認同這個判斷。不過太傅認為，嫌犯的行為屬不孝。這一點，請恕在下無法苟同，必須做一點深入細緻的辨析。

太傅的陳詞中，有一句很精采的話：「孝道，不是孝子一個人的獨角戲，而是子女的孝行與父母的正念相吻合的道德評定。」他還特別提醒我們，應當關注陳父的想法。可弔詭的是，在太傅後續的分析中，陳父無論抱有何種想法，均絲毫不影響一個孝子應當做出的行為：陳父不想吃人肉，孝子就不應該殺人救父，否則就是違抗父命；陳父想吃人肉，孝子更不應該殺人救父，否則就是陷親不義。試問：陳父自身想法的價值，究竟體現在哪裡呢？太傅理想中的孝行，豈不仍是一場孝子自行其是的獨角戲嗎？問題究竟出在哪裡？

問題在於，太傅引用了一個「孝道」外部的價值標準，衡量「孝行」是否成立。他講的那個包含政治哲理的故事中，老國君有一個正念、一個邪念。在太傅看來，發揚正念、隱藏邪念就是孝行，發揚邪念、無視正念就是不孝。諸位發現問題了嗎？孝與不孝，並不取決於子女對父母的態度，而取決於父母念頭的正邪。究其實質而言，取決於子女對父母念頭正邪與否的道德評定，與父母本身並無關係。所以太傅雖然揚言孝行的完成必須重視父母的想法，最後卻還是變成了孝子一個人的獨角戲。

我想說的是，如果甲道德價值，需從外援引乙道德價值為判準，那麼甲道德的價值位階就低於乙道德的價值位階。這應該是一個很顯明的道理。換言之，在評判嫌犯陳祥行為的道德屬性時，「孝」這一價值無能為力，必須也只需從外援引更高位階的價值。我們沒有必要在「忠」「孝」兩個價值之間非此即彼地兜圈子。那麼，這一價值是什麼呢？讓我們繼續剛才的分析。

孝與不孝，既然不取決於子女對父母的態度，而取決於子女對父母念頭正邪與否的道德評定，那麼子女評定父母念頭正邪與否的價值標準是什麼？太傅引用的「三不孝」的第一條已經點明了答案：「明知父母是錯的，卻歪曲自己的心意，順從父母的過錯，從而陷父母於不仁不義的道德低地，這是第一種不孝。」——毫無疑問，「仁」與「義」就是比孝道更高位階的價值。

◆「忠」「孝」是程序價值，「仁」「義」是實體價值

現在，我將探討「忠」「孝」與「仁」「義」的本質區別，進而說明何以後者比前者的價值位階更高。

「忠」「孝」是一種需要對象的道德，通常情況下無法由行為主體獨立完成。忠，需忠於君主；孝，需孝於父母。如果一個人沒有君主，便無從忠；沒有父母，便無從孝。據舉兩個極端的例子加以說明：當今天子，就沒有效忠的對象，因為他本人就是君主。據久遠的傳說，盤古是這世界上第一個人，無父無母，是從混沌中誕生的，他就無法行孝，注定不可能成為孝子。不那麼極端地說，按照董大夫的理論，沒有成為「臣民」的「天

生之民」也沒有「忠」的對象。而那些自小被遺棄，不知父母是誰，卻僥倖存活下來的棄兒，也沒有「孝」的對象。

與臣民對君主的「忠」、子女對父母的「孝」相似的道德，還有妻妾對丈夫的「節」。這三種道德價值，本質都是順從。順從君主是為「忠」，順從父母是為「孝」，順從丈夫是為「節」。[1] 大更化之前，曾經有人用「君為臣綱、父為子綱、夫為妻綱」的「三綱」概括這三種價值。一張漁網由成千上萬根線條構成，其中漁網邊沿的大繩就是「綱」；漁夫要把攬成一團的漁網理順，只要拎起「綱」，整張漁網就會「綱舉目張」，井然有序了。「綱」本身並不比其他線條絕對優異，只是所處位置不同罷了。某人處於甲位置，某人處於乙位置，乙位置之人便需順從甲位置之人。這就是「三綱」的實質。所以「三綱」是一種程序性價值，設定的是乙位置順從甲位置的規則，並不涉及是非善惡的實體道德判斷。

「三綱」這樣的程序價值，當然有其意義。比如條件一目了然，運用極其簡便，節

1《禮記・祭統》：「備者，百順之名也，無所不順者謂之備。言內盡於己，而外順於道也。忠臣以事其君，孝子以事其親，其本一也。」這是說「忠」「孝」之本是一致的，都是「順」。

約了在大量無關緊要卻又廣泛存在的問題上判明是非對錯的成本。民間俗語說：「天下只有不孝的兒女，沒有不是的父母」，就是在無關緊要的小事上直接運用程序價值，以便秩序的維持、生活的繼續，而回避了判斷實體價值的是非對錯。但是，「三綱」這樣的程序價值，局限也是顯而易見的。

「三綱」會陷入自身的程序運行錯誤，進入死循環。

眾所周知，前朝太祖皇帝崛起於閭巷，提三尺劍安定天下。當他稱帝之時，他的父親還活著。所以當時的朝臣、儒生一度為一個問題感到棘手不已：皇帝是父親的君，君為臣綱；父親是皇帝的父，父為子綱。兩個綱發生競合，究竟誰順從誰呢？由於太祖與他的父親之間並沒有實質的衝突，所以這一程序錯誤並沒有引起重視。列國時代，有個無拳無勇的國君想要扳倒朝中的大權臣，便聯絡了權臣的女婿一起行動。女婿回家將此事透露給妻子。妻子立刻陷於從君、從父、從夫的三重糾結，回娘家問計於母親。母親自然偏重自己的丈夫，強詞奪理道：「天底下可以做丈夫的男人多的是，可是父親卻只有這一個啊！」從而粗暴地打破了這個死循環，讓女兒協助權臣殺死女婿、推翻國君。[2]試問：如果此事發生於今日，這個思考力貧弱的妻子，究竟應當順從君主、父親還是丈夫呢？亡朝也有一起令人唏噓的悲劇：有個大臣與兒子某甲密謀，共同推翻殘暴的國君；國君得知了這一密謀，卻不知道某甲也參與其中，便命某甲回家弒父，以表忠心。陷於程序運行錯誤的某甲，最終拔劍自刎，以求解脫於死循環。

其實，當一個人陷於程序運行的死循環時，以上做法均非正解。當一個行為主體面臨兩個「綱」，而這兩個「綱」處於尖銳的矛盾之時，這個行為主體就應該判斷何者為善、何者為惡，誰的命令更為合理，從而決定自己的去就。問題在於，處在甲位置的人是善人抑或惡人、其發號施令是否合理，這是「三綱」自身無法判斷的問題。這時就必須從外援引更高位階的價值作為判準，而這種更高位階的價值就是以「仁」「義」為代表的實體價值。

2《左傳．桓公十五年》：祭仲專。鄭伯患之，使其婿雍糾殺之。將享諸郊，雍姬知之，謂其母曰：「父與夫孰親？」其母曰：「人盡夫也，父一而已，胡可比也？」

「仁」「義」這類實體價值是自足而不必外求的，不以行為對象的意志為轉移的。[3]正如孔子說：「做到仁很困難嗎？我想要仁，立刻就仁了。」又說：「仁不仁，完全取決於行為主體呀。難道還取決於行為對象嗎？」[4]這與必須視行為對象的意志而定的「忠」「孝」這類程序價值，構成了根本區別。

大更化之前的古人，將仁、義、禮、智、信五種主要實體價值統稱為「五常」，以與「三綱」相對應。「常」就是「永恆的道德」的意思，[5]與僅僅標示位置的「綱」形成了鮮明的對比。

綜上所述，「忠」「孝」屬「三綱」，是程序價值，位階較低；「仁」「義」屬「五常」，是實體價值，位階較高。此前諸公之所以在「忠」「孝」之間非此即彼，鬼打牆一般轉不出來，正是因為始終困於程序價值錯誤衝突的死循環。只要援引更高位階的實體價值，那麼問題便可以迎刃而解。

◆重大衝突，實體價值高於程序價值

程序價值與實體價值的位階高低，在過往歷史上有過反覆爭論。

一位為亡朝奠定了思想基礎的理論家，曾經明目張膽地說：「臣民應該順從君主，子女應該順從父親，妻妾應該順從丈夫。這三種價值，就是亙古不變的永恆道德。」[6]很顯然，他在此刻意混淆了程序價值與實體價值的區別，企圖確立皇帝的絕對權力。後來，這位理論家悲慘地死於他所推崇的君主權力，他的話茬卻被亡朝的政客接過。亡朝的皇帝在一份詔書中說：「如今朕已經統一天下。什麼是黑，什麼是白，都由朕決定。朕是測量萬物的尺度。在朕之外，沒有尺度可言。」[7]將「君為臣綱」變成絕對的標準，結果就是當一個卑鄙下賤的宦官竊取了亡朝的權柄，在朝堂之上公然牽著一隻鹿，說「這是

---

3 唐人韓愈《原道》云：「足乎己而無待於外」，與此庶幾乎近似。

4《論語・述而》：「仁遠乎哉？我欲仁，斯仁至矣。」《論語・顏淵》：「為仁由己。而由人乎哉？」

5《漢書・董仲舒傳》：「夫仁、誼、禮、知、信五常之道，王者所當修飭也。」「五常」就是「五常之道」的縮略語，「常」是漢人避漢文帝劉恆諱，改「恆」字而來。所以「常」就是「永恆的道德」之意。

6《韓非子・忠孝》：「臣事君，子事父，妻事夫。三者順則天下治，三者逆則天下亂，此天下之常道也。」請注意，「三綱」最早可能出自這一法家（而非儒家）文獻。

馬」時，滿朝文武紛紛「順從」，沒有人再敢說一個「不」字——當「君為臣綱」被絕對化之時，臣民就喪失了給君主糾錯的可能性，君主犯下的過錯也就必將愈演愈烈，要麼反噬其身，要麼權柄被竊。君主「以黑為白」，其邏輯結果必然是宦官「指鹿為馬」。

強極一時的亡朝突然崩塌，令所有人在震撼之餘，都回憶起了更加古老的政治格言：「值得追隨的是道德，而非君主；應當順從的是仁義，而非父母。這才是最高級別的德行。」[8]這句格言明確地告誡後人：道德、仁義這類實體價值，位階高於從君、從父這類程序價值。

對這個結論，我還需要說明兩點：

第一，這並不意味著實體價值應該全面取代程序價值。日常生活中，大多數衝突都是雞毛蒜皮、家長里短的小事。在無傷大雅的小事之上，如果凡事堅持「追隨道德而非君主，順從仁義而非父母」，那麼一切行政命令將舉步維艱，一切家庭事務將眾口紛紜，國與家的秩序將會陷於一團糟。所以「三綱」仍然適於處理大多數無傷大雅的事務。只有本案這樣人命關天的重大衝突，才應援引實體價值予以裁斷。

第二，這並不意味著嚴重違背實體價值的程序價值，也有資格稱之為「忠」或「孝」。遙遠的春秋時代，有一位國君曾經請教孔子：「兒子順從父親，算是孝了吧？臣民順從君主，算是忠了吧？」連問三遍，孔子皆以沉默回應。孔子事後向弟子解釋：「順從君父，算什麼忠孝？搞清楚什麼情況下應當順從君父，這才算真正的忠孝。」[9]「搞清楚什麼情況下應當順從君父」，正是從外援引更高位階的實體價值，救濟程序價值的局限，而非簡單將二者置於對立的境地。所以一個能夠做到仁義的人，絕不可能不忠孝；一個達到高位階價值的人，我們不能認為他違反了低位階價值。[10]換言之，一個違背了高位階價值的人，我們也不能認為他達成了低位階的價值。

7《史記・秦始皇本紀》：「今皇帝並有天下，別黑白而定一尊。」按：這是丞相李斯語。與之恰成對比的是《呂氏春秋・應同》：「君雖尊，以白為黑，臣不能聽；父雖親，以黑為白，子不能從。」

8《荀子・子道》：「入孝出弟，人之小行也；上順下篤，人之中行也；從道不從君，從義不從父，人之大行也。」值得注意的是，《荀子》後文再度引用「傳曰：『從道不從君，從義不從父』」，可見這是一句比《荀子》時代更早的政治格言。

9 參見《荀子・子道》。

◆殺人割屍餵父的行為違反人性

搞清楚了以上基本原理，讓我們回到本案。

陳祥究竟是否孝子？他的所作所為是否可算孝行？這些問題都只是隔靴搔癢。問題的癥結在於：嫌犯殺死無辜第三者，切割屍體血肉餵食父親，以此拯救垂危父親，這一行為是否符合「仁」的標準？

古往今來，「仁」的定義可謂千千萬萬。不如讓我們拋開學說的爭議，回到造字的原初。從讀音而言，「仁」與「人」同音；從字形而言，「仁」是「二人」，也就是人與人相通的人性以及基於這種通感的人性互相對待的原則。[11]明白了這一點，我們便可以引據孔、孟二夫子的格言了。

《論語》中談論「仁」的話語很多，最清楚明白的莫過於下面這句：「仁，就是你想要別人怎麼對你，你就怎麼對別人。」而其反面，就是：「如果你不希望別人這樣對待你，你就不要這樣對待別人。」[12]《孟子》對「仁」的解釋更加清晰：「仁」就是惻隱之心，就是看到他人遭難會產生驚懼痛苦的心理，就是不忍心對他人施加惡行的心理。[13]

試問：嫌犯陳祥如果與受害人楊釋易地而處，他願意被一個「孝子」按在砧板之上，任人魚肉嗎？他舉起石頭砸向熟睡中受害人的頭顱之時，心中有沒有一絲痛苦與不忍心呢？如果嫌犯沒有這種人之為人的基本感受，而只有「大孝凜然」的「正確立場」，那就說明他早已被禮教異化成了犧牲品；如果嫌犯有這種惻隱、怵惕、不忍人之心，卻還是毅然砸了下去，那就只能說明他將「不忍人」的「仁心」強壓下去，成了一個不仁的「忍

10《孟子．梁惠王上》：「未有仁而遺其親者也，未有義而後其君者也。」

11《禮記．中庸》：「仁者，人也。」鄭玄注：「『人也』，讀如『相人偶』之『人』。」「相人偶」是在解釋「仁」的字形。

12《論語．雍也》：「夫仁者，己欲立而立人，己欲達而達人。」《論語．顏淵》：「己所不欲，勿施於人。」按：後者是「恕」的定義。

13《孟子．公孫丑上》，以不忍人之心，行不忍人之政，治天下可運之掌上。所以謂人皆有不忍人之心者，今人乍見孺子將入於井，皆有怵惕惻隱之心」，「無惻隱之心，非人也」，「惻隱之心，仁之端也」。按「怵惕」是驚懼的意思，「惻隱」是痛苦的意思。

人」。所以我認為：嫌犯陳祥違背高位階的「仁」之價值，喪失人之所以為人的基本人性，故意殺害無辜第三者，以驚世駭俗的殘忍犯罪踐行他所謂的孝道，應當依律判處極刑。

最後我想對諸公可能產生的下列疑問，略做預先的解釋：以上洋洋灑灑一大篇陳詞，卻與太傅大人的判決完全一致，意義何在？犯罪現象千變萬化，有表面相似而實質截然不同。法律判決同樣如此。太傅預備在「孝」的程序價值範圍內解決本案，可實際上卻暗中援引了外在的高位階價值，自亂其例，邏輯不能自洽。太傅的邏輯錯誤在本案中未能顯現，但我唯恐他的主張如果得到採納，在將來的案件中也許會引發災難性的後果，或陷入價值衝突的死循環。俗語云：「失之毫釐，謬以千里。」法理的辨析必須精之又精，法律的裁決必須慎之又慎，將看似相近的裁判背後實際相左的法理剖析得纖毫畢現，[14]正是我不憚辭費，做出如上陳詞的原因。

14《晉書．刑法志》，「律有事狀相似而罪名相涉者……諸如此類，自非至精不能極其理也」，「用法執詮者幽於未制之中，采其根牙之微，致之於機格之上，稱輕重於豪銖，考輩類於參伍，然後乃可以理直刑正」。

觀點十一

孝子惻隱慘怛之心，不可以常理繩之

太師陸陽仁陳詞

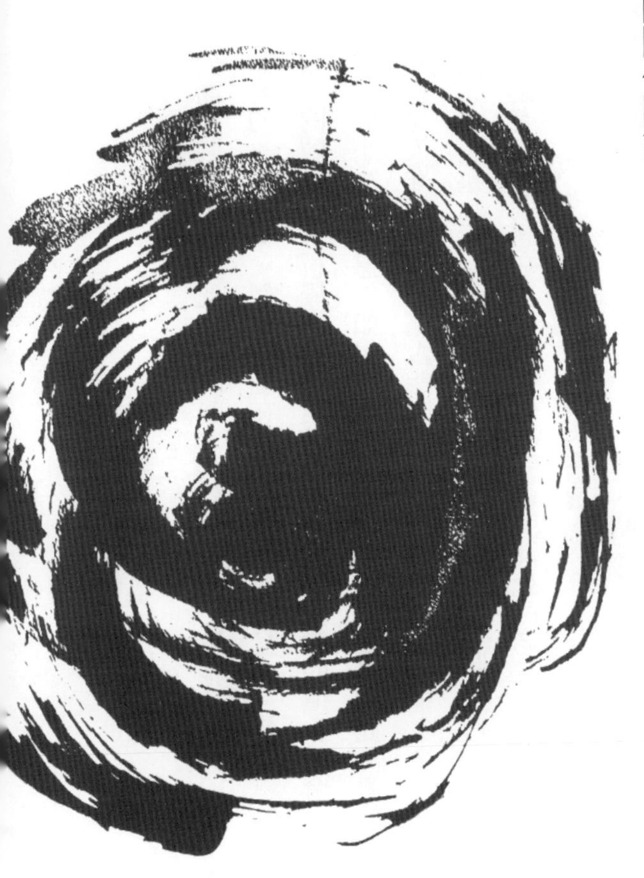

前此諸公高談闊論，妙語迭出，談吐之深刻，神采之風雅，簡直不像在裁判一起令天下人側目動容的人命重案，倒像是坐在舒適的扶手椅裡探討一個玄奧的哲學命題。尤其適才祭酒大人的陳詞，分析概念到了至純至粹、精深入微的境界，令人忍不住擊節讚歎。只是我有一個小小的疑惑：如果嫌犯在場，是否能夠聽懂如此深奧的哲理？如果祭酒大人的擬判意見被採納，嫌犯是否能明白自己為何死得如此抽象？

祭酒質問：嫌犯舉起石塊準備向受害人的頭顱砸下之時，內心有沒有一絲怵惕惻隱？我想應該是有的。問題在於，他回頭看了一眼瀕死的老父，心中更感驚懼痛苦，不得不置自身榮辱生死於度外，落下了手中的石塊。

如果世界上的事情，都是仁與不仁、義與不義這樣簡單的比較，那就用不著法律，只需要祭酒精心提煉的實體價值就能解決一切煩惱了。可是世上不如意事十常八九。嫌犯左手邊是熟睡的無辜第三人，右手邊是昏迷的垂危老父親。請祭酒告訴我，左手殺人，右手救父，孰為仁，孰為不仁？

請諸公注意，從太傅、祭酒開始，逐漸偏離了起初的討論軌道，開始別開生面。前此諸公，都感受到了人情與法律的兩難。大家的論調，大多是在「法無可恕」與「情有可矜」之間尋找一個平衡，在「忠於君國」與「孝於父母」之間探索一條邊界。即便最以面冷手硬著稱、堅持依律處死嫌犯的大司寇，也坦然承認：「摘下獬廌冠，我也會像律學家們一樣感到良心不安，我也想和太學生們一起示威舉幡。」可是太傅卻指控嫌犯不孝，祭酒卻斥責嫌犯不仁。在二位眼中，嫌犯不僅違法犯罪，而且不仁不孝，堪稱自絕於人類的禽獸敗類。這真應了少司寇的那句感慨：「以理殺人，殺人誅心！」假如我也嘗試「殺人誅心」地追究一下二位的動機：你們是否僅僅為了降低判處一個善人以死刑的歉疚感，乾脆從道德上徹底否定嫌犯的行為呢？這樣一來，你們就可以站在道德的高地，大義凜然處死一個死不足惜的人渣敗類了。祭酒竟然還說嫌犯「早已被禮教異化成了犧牲品」。我真不知道被禮教異化成犧牲品的是身處絕境、苦苦求生行孝的嫌犯，還是在絕對安全的廟堂之上高談闊論、以理殺人的二位大人？

既然祭酒大人說到「仁」，我就接著說。「仁」不是孔丘的語錄，不是孟軻的名言，不是「二人」的拆字遊戲，更不是祭酒大人深思熟慮、辨析精微的哲學概念。一個人在街角一拐彎，突然目擊一個幼兒正咿咿呀呀、跌跌撞撞走向一口水井，下一腳就要踏進深不可測的井口，不由得心中一顫、頭皮一緊，不由自主想要衝上前救人。「乍見孺子將入於井」的直觀感受，就是仁心；為此採取的第一反應，就是仁行。民諺有云：「寬廣的道路啊，筆直猶如離弦而去的那支箭鏃；正義的法律啊，不能強迫險境之人彎彎繞繞地深思熟慮。」[1]諸公此前的所有討論，最大問題就在於彎彎繞繞、深思熟慮。

讓我也講述一個古老的案例，說明這一點。久遠的春秋時代，楚國對宋國發動一場圍城戰爭。戰事異常激烈殘酷，雙方都極度疲憊困頓。楚國只剩下七天的糧食，楚王便派一名官員，窺探圍城之中的境況，以決定繼續進攻抑或撤退。這名官員悄悄爬上城頭，向內窺探。戲劇性的一幕發生了：正好宋國也有一位官員爬上城頭，向外窺探。兩人碰了個對臉。楚官詢問：「貴國情況如何？」宋官回答：「非常糟糕。」楚官追問：「糟糕到了什麼地步？」宋官淒慘地說：「早已絕糧多日，民眾與鄰居家交換小孩，殺死煮了吃；可是也沒有柴火，便將先前死去的人的骨頭拆下，當作燃料。」楚官一聽，心中不禁大為憐憫悲痛，脫口而出：「啊，這麼慘啊！」但他定心一想，感到疑惑，又問：「戰爭之中，一方就算困頓艱難，也總是打腫臉充胖子。你為何毫不隱瞞，將實情全部告訴我呢？」宋官說：「君子見人之危，就會心生憐憫；小人才會乘人之危，趁火打劫。我看閣下是個君子，所以實言相告。」楚官說：「明白了。不瞞閣下，敝國只有七天的軍糧了。如果七天之內無法取勝，一定會撤軍。你們加油！」說罷，返回軍中，將情形全部告訴楚王，並強烈要求退兵。楚王見軍事機密已經完全洩露，不得已，只好撤軍。[2]

楚官的行為，在座諸公將如何評價呢？從程序價值而言，楚官違背君命，是為不忠。從實體價值而言，楚官無視本國死難將士的犧牲成果，是為不仁；出賣軍情，是為不義；以下挾上、自居君子的美名，是為無禮；被宋官一吹捧就洩露情報，是為不智；沒有信守為君主刺探情報的承諾，是為無信。無論從哪個角度來看，此人均應背負賣國賊的罵名，罪該萬死。可是孔子在撰寫《春秋》時，卻肯定了其行為。原因何在？

1《詩經．小雅．大東》：「周道如砥，其直如矢。」《後漢書．郭躬傳》引此詩，並闡明其法律意蘊：「刑不可以委曲生意。」按：正文所編民謠，是對這兩句話的化用，意思並不完全一致。

2《春秋公羊傳．宣公十五年》對此案例有繪聲繪色的描述。

一個人在突然目擊耳聞極其可悲可怖的人間慘劇時，一定會基於人心的通感，心中驚駭悲痛到失態忘情的地步。在失態忘情的情況下，就不能再以常道、常禮、常法對其提出苛刻的要求。楚官在得知宋國悲慘的情形時，直觀感受就是觸目驚心、惻隱慘怛，第一反應就是以實情告知對方，繼而勸楚王退兵。[3] 孔子深明這一道理，所以沒有用平時的常道、常禮、常法要求楚官，而以重大變故之下的人之通性常情，予以寬恕、體諒。[4] 這才是真正的自然意義上的「仁」。[5]

本案之中，陳氏父子困處洞穴長達十一天。陳祥眼睜睜看著老父飢寒交迫到了形銷骨立、不省人事的狀態，而死神卻在一分一秒逼近。在醫生「三天之內得不到食物必死無疑」的斷言之下，陳祥割股啖親未遂，又熬了一天，眼見父親已命懸一線。當此千鈞一髮之際，其觸目驚心、惻隱慘怛之情，豈是你我安坐在扶手椅裡所能從容想及？在這樣失態忘情的情形之下，陳祥根本無法深思熟慮什麼程序價值、實體價值，什麼忠於國法、孝於父母……他只有一個強烈的念頭，那就是拯救眼前這個瀕臨死亡的至親之人。這就是「仁」。

本朝的制度典章，無論禮還是律，都以人之通性常情——也就是以「仁」為基礎。在此基礎上，提煉出可操作的原則、成文的規則，製作成具體的條款，供人遵守。[6]人們往往日用而不知其仁，熟視而無睹其義，只知恪守法律條款本身。這在日常情況下，當然沒有問題。可是遇到本案這樣的非常案件，如果仍然恪守條款，卻丟失了最根本的人性常情，豈非本末倒置？[7]

我們必須相當程度地向外體會嫌犯所處的絕境險情，向內體認在此絕境險情之下的

3《春秋繁露．竹林》：「夫目驚而體失其容，心驚而事有所忘，人之情也。通於驚之情者，取其一美，不盡其失。」

4《春秋繁露．竹林》：「說《春秋》者，無以平定之常義，疑變故之大，則義幾可諭矣。」

5《春秋繁露．竹林》：「為仁者自然為美。」

6《春秋繁露．竹林》：「禮者，庶於仁，文質而成體者也。」

7 明人呂坤《呻吟語》卷六〈人情〉：「禮是聖人制底，情不是聖人制底。聖人緣情而生禮，君子見禮而得情。眾人以禮視禮，而不知其情，由是禮為天下虛文，而崇真者思棄之矣。」（長沙：岳麓書社，二〇一六年，第二八八頁）

人之通性常情。如此，便能理解陳祥在此絕境險情之中，基於人之通性常情，無暇深思熟慮，不計法律後果，以殺人救父為第一反應的不得已了。所以我主張，陳祥無罪。

觀點十二

法律必須衡量判決後的利弊

刑部尚書呂治平陳詞

◆殺人飼父出於精心預謀，不能以失態忘情開解

我無意於嘲諷太師的主張，可是這確實是已經出現的十一個主張中最怪誕的一個。太師首次嘗試代入嫌犯的主觀視角，用「瀕死垂危」「命懸一線」「千鈞一髮」「觸目驚心」「惻隱慘怛」「失態忘情」「通性常情」「絕境險情」等一連串華麗辭藻，力圖向我們渲染嫌犯的所作所為，完全是迫不得已、別無選擇。

可是，太師擁有如此逼真的代入感、如此強大的共情能力，何不嘗試著也代入一下被害人的視角呢？在被害人被砸醒而喪命的一瞬間，他眼中的被告人是不是「猙獰可怖」「麻木冷血」「眼帶血絲」「面容扭曲」「殘忍嗜血」的「恐怖孝子」呢？如果被害人當時未被一擊致命，他是不是也會覺得自己正「瀕死垂危」「命懸一線」？如果被害人也在「絕境險情」之中、「觸目驚心」之下「失態忘情」，基於「通性常情」反戈一擊，殺死孝子，這一行為是否也應當得到我們最大限度的體認、體會與體諒，而判處無罪呢？

簡而言之，視角不同，「直觀感受」與「第一反應」就會因人而異。太師的主張無

異於拋棄公共的法律，鼓勵眾人各行其是。在這種情況下，是談不上什麼「人之通性常情」的。有的只是「那時沒有仁，各人任意而行」[1]。這顯然與太師的主張是相悖的。

如果太師堅持認為有不以個人意志為轉移的「人之通性常情」，也就是公共的「仁」，可以作為判別各人的「直觀感受」「第一反應」是否合法，那麼前此諸公正是在做這一努力，卻被太師譏諷為「扶手椅上的哲學討論」。嫌犯可以基於第一反應做出任何行動，可是法官卻必須對案情深入研討、反覆辯論，必須對律條咬文嚼字、精讀細品，在法律與案情之間左右為難、苦心彌縫。這應當說是一種常識。太師卻以這不能被嫌犯聽懂為否定的理由，這一反智立場令我深感遺憾。

進一步而言，太師反覆強調嫌犯別無選擇，無暇深思熟慮，只能做出第一反應。可是讓我們細察案情：「殺人飼父」的行為，真的是嫌犯的第一反應嗎？嫌犯父子被困洞穴，一直到殺害被害人為止，一共有十二天時間。陳父瀕臨死亡的原因是飢餓，飢餓是

1 此句仿自《聖經·舊約·士師記》：「那時沒有王，各人任意而行。」

一個長期、緩慢、漸進的過程，絕不像「拐過街角，突然看到一個幼兒即將踏進井口」那樣突然、緊急、迫切。在這十二天中，陳祥的第一反應是挖開洞口，試圖離開。至於「殺人飼父」，不知已經是第幾反應了。

即便從陳父被診斷「三天之內再不進食必死無疑」算起，陳祥也有充足的考慮時間。他深思熟慮之後，採取的第一反應是「割股啖親」而非「殺人飼父」。在遭到父親的強烈抵制之後，又過了一夜、一日，直到次日深夜，陳祥才趁受害人熟睡之際動手殺人。這能算是第一反應嗎？如果是第一反應，陳祥為何不在醫生下達瀕危通知書的那一刻就激情殺人？為何他能隱忍不發，靜候夜深人靜的最佳作案時機？如果是第一反應，陳祥為何不殺死更加老弱、缺乏抵抗力的老醫？為何他殺死的偏偏是令他道德負疚感較低的楊釋？無論作案時機的隱忍等待，還是作案對象的精心挑選，所有跡象均表明嫌犯「殺人飼父」的行為不是什麼觸目驚心、失態忘情之下的第一反應，恰恰相反，而是深思熟慮、精心預謀的犯罪行為。

◆判決的方向取決於判決的後果

太師說嫌犯「無暇深思熟慮」，已經證偽如上，但他說嫌犯「不計法律後果」卻是實情。嫌犯不暇自計的法律後果，只好留待審判者來熟計之了。

本案討論到現在，非但沒有眉目，反而治絲益棼，原因就在於諸公僅僅討論案件本身，而不試思「後果」。只要嘗試推想某種判決可能引發的後果，熟計其利弊得失，那麼本案的裁判完全可以一言而決。

須知，法律雖然常常將人處死，卻從來不是為死人而設，而是為生人而設；法律雖然似乎只與當事人相關，卻從來不是為區區幾個當事人而設，而是為社會大眾而設。[2]

2《韓非子．六反》：「明主之法，揆也。治賊，非治所揆也。治所揆也者，是治死人也。刑盜，非治所刑也。治所刑也者，是治胥靡也。」按：「揆」應是破滅的意思。《呂氏春秋》：「剗而類，揆吾家。」《戰國策》「揆」作「破」。又《楚辭．天問》：「而交吞揆之」，孫詒讓：「揆，亦滅也。」可證。過去的注家對「揆」的解釋都不準確，特此注明。

如果制止一個弊端卻百弊叢生，懲罰一個奸邪卻群邪並起，那就必須重新思考判決的合理性。[3]所以一個案件究竟應當怎樣裁判，不僅應看法律如何規定、法理如何運用，還應測度如此判決之後，社會公眾將做何反應、如何行事。否則，良善的法意反而可能淪為滋生罪惡的溫床。

在遙遠的春秋時代，魯國有一個法令：「若在境外發現本國公民淪為奴隸者，請將之贖為自由人。所付贖金，本國政府將予以全額補償。」孔子有一個富裕的學生，在境外將一個魯籍奴隸贖為自由人。回國之後，政府依法補償，該學生謝絕。從法律評價，該學生所作所為完全合法；從道德評價，該學生所作所為非常高尚。可是孔子聽說之後，卻予以嚴厲的斥責。他說：「在境外贖奴隸，在本國領取補償，這是完全合乎法律與道德的行為。你贖奴隸而不領補償，人為抬升了道德的標準。在你之後，贖奴隸的人還領不領補償呢？不領補償，個人利益受損；領補償，非但沒有美名，還會被人嘲笑道德不夠崇高。今後這條法律等於廢了，不會再有人去境外贖魯籍奴隸了！」[4]孔子評價此事的標準，既非法律條文本身，也非道德與法理，而是法律後果。

無獨有偶。前朝聖宗時代，有個父親犯下貪污罪，依法被判處死刑。此人有兩個孝子，分別只有十三歲和十一歲。小哥倆來到宮廷門口，高舉黃幡，擊鼓鳴冤，爭相上書，請求代父受刑。該案也曾在朝野上下引發轟動。當時國家提倡「以孝治天下」，「卑親屬代尊親屬受刑」雖然沒有得到成文法的支持，卻在法律實踐中處於依違兩可之間。在當年那場盛大激烈的集議中，與會人員分為三派：一派主張拒絕代刑；一派主張同意代刑；還有一派持調和論調，建議將二孝子罰沒為奴，將嫌犯減死一等，同時不作為有司法指導意義的判例。第三派的主張合法合理合情，一度甚囂塵上，幾乎為聖宗皇帝所採納。可是一位尚書提醒道：「請陛下試推想這樣判決可能引發的法律後果。第一，天下的父親從此有恃無恐，只要多生幾個孩子，殺人都不用償命；第二，天下的子女從此

3《韓非子．六反》：「重一奸之罪而止境內之邪，此所以為治也。」

4《呂氏春秋．先識覽．察微》：「魯國之法，魯人為臣妾於諸侯，有能贖之者，取金於府。子貢贖魯人於諸侯，來而讓，不取其金。孔子曰：『賜失之矣。夫聖人之舉事，可以移風易俗，而教導可施於百姓，非獨適己之行也。今魯國富者寡而貧者多。取其金，則無損於行；不取其金，則不復贖人矣。』」

難以做人，只要父母犯罪，就有代刑的道德義務，如果不代刑，必將被人戳脊梁骨。陛下想以此鼓勵孝道，可是這一判決恰恰是對『父慈子孝』最大的損害啊！」聖宗皇帝醒悟之後，便嚴禁二孝子代刑，將嫌犯正法，同時明令廢除了代親受刑的司法慣例。[5]

前此諸公都將法理說得玄之又玄，存乎一心，不可捉摸。可是人心是善是惡，爭論了幾千年，誰又說得清楚？看到小孩走近井口，人固然有惻隱之心。可是請各位捫心自問，看到鄰家比你家富貴榮華，你有沒有貪婪之心？看到鄰家的小孩比你家的小孩優秀十倍，你有沒有嫉妒之心？看到既富貴又優秀的鄰家，有朝一日家破人亡，在惻隱同情之餘，又有沒有一絲陰暗的幸災樂禍呢？我們不必百般藏匿自己的陰暗心理，或者為之塗抹一層善良的糖衣。人就是這樣，既有善端，又有邪欲。在我看來，法理並不是人心善端擴充的結果，而是透過理智的計算，為欲望設置一道不至於大害的界線。[6]只要人欲還在界線之內，人不必禁欲、絕欲，而能享受人之為人的自由與快樂。人欲一旦越出界線，就會造成災難性的後果，必須接受法理的制裁。所以法律必須衡量利弊。這種利弊，不僅是眼前這一個兒子要不要殺死一個陌生人、救活一個父親的睫下之利弊，而更是普通民眾難以想及的長思熟計之利弊。

明乎此，讓我們試推本案判決的利弊得失。假如判決嫌犯無罪，天下人將會如何認知這一判決？在遇到與本案相同的情境時，又將基於本案判決做出何種反應？不難想像，假如判決陳祥殺人救父無罪，這將意味著：孝子享有刑事豁免權，孝子是法外之人，孝子可以以孝之名剝奪任意他人的性命，而不受到法律的追究。如果將來又不幸出現與本案相同的困境，一群人被困在洞穴之中，瀕臨餓死的危險，那麼他們必將第一時間排查人群中有無父子，然後將之隔離或直接消滅，以除後患。因為之前的判決已經昭告天下：孝子殺人救父可是合法的呀！這樣一來，父子將首先成為眾人防範針對的對象，這顯然會加劇其中那名老父的不利處境。換言之，判決孝子無罪，本來想要表彰孝道，最

5《晉書・范堅傳》：「……邵廣盜官幔三張，合布三十四，有司正刑棄市。廣二子，宗年十三，雲年十一，黃幡撾登聞鼓乞恩，辭求自沒為奚官奴，以贖父命。……堅駁之曰：『……此為施一恩於今，而開萬怨於後也。』成帝從之，正廣死刑。」

6《荀子・正名》：「所受乎天之一欲，制於所受乎心之多計。」

終卻得到了一個不利於當事人父親的後果。一時的善良，將會帶來永久的殘忍；一時的方便之門，將會醞釀出罪惡的淵藪。[7]

假如採取調和的論調，免去嫌犯死刑，而給予某種程度的制裁，在本朝的輿論環境之下，這就無異於公開鼓勵殺人救父。任何子女在面對「殺人我就要坐牢」與「不殺人父親就會死」的選擇時，都將被道德綁架，不得不選擇殺人。畢竟比起父母的生命來，子女坐牢服刑，實在是太微不足道的事情了。子女如果為了逃避坐牢服刑，而眼睜睜看著父母餓死，必將被後人戳脊梁骨罵。所以調和的論調也是不可行的，甚至危害更大。

基於以上對法律後果的預判，我認為：應將嫌犯陳祥明正典刑，既免孝道越過紅線成為殺人的利器，亦防孝子遭遇反殺淪為法律的犧牲。

7《呻吟語》卷六〈人情〉：「順一時、便一人，而後天下之大不順便者因之矣。故聖人不敢恤小便拂大順，徇一時弊萬世。」（長沙：岳麓書社，二〇一六年，第二八九頁）

觀點十三

充分的假設才能解明一個案件

太常卿公孫白駒陳詞

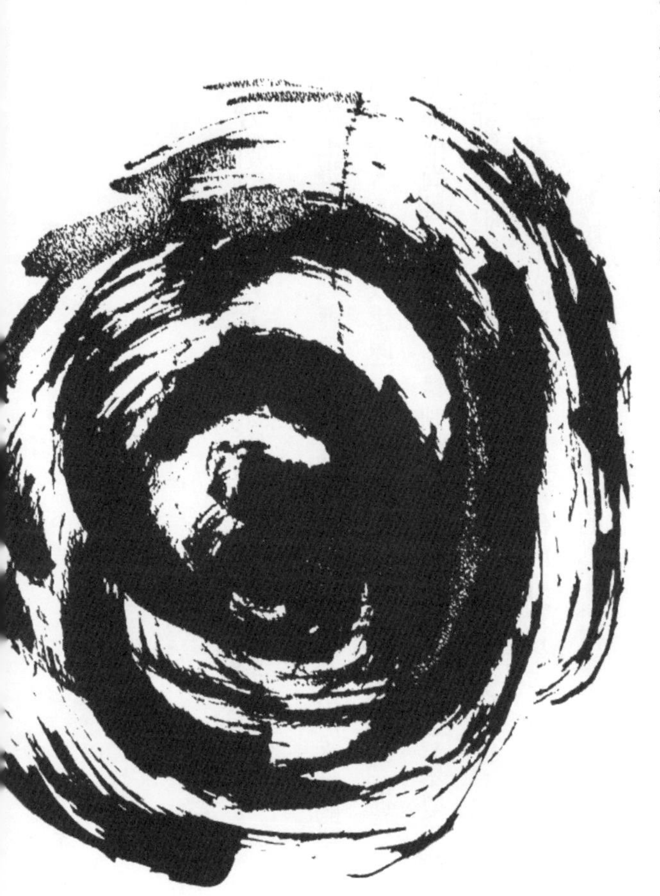

◆法律只分辨既定的是非，不懸揣未發的利弊

刑部尚書的主張令我感到匪夷所思。他竟然主張判決不繫於本案的是非曲直，而取決於判後的利弊得失。我難以想像這種言論竟出自一位熟諳律令的法曹之口。

如果按照刑部尚書的論調，衡量判決後的利弊大小，那麼我舉雙手贊成顧生的主張。他認為：「亂世的犯罪，責任主要在國家。法官必須明辨：在一起刑事犯罪中，政府應當分擔多少責任，剩下的刑責才能落到可憐的嫌犯身上。」這樣一來，各地政府一定會兢兢業業、勤政愛民，以免在一起不相干的刑事訴訟中替被告背鍋。從此以後，各地的防災恤民工作一定會卓有成效，天災就不會造成如此嚴重的後果，本案的雙方當事人也就不會陰差陽錯走進那奪命的洞穴去了。所以從衡量判後利弊出發，應該對嫌犯從輕發落，對當地政府從重追責。

再以刑部尚書的論調，衡量一下他的擬判的利弊大小。假如判處嫌犯死刑，今後子女還會殺人救父嗎？這個問題很簡單，本案嫌犯陳祥早就給出明確的回答。他在自首之

後，就說：「殺人救父，義無反顧；觸法而死，死而無憾。」由此表明，他對自己行為的法律後果有著明確的估計，那就是「觸法而死」。可是這一估計，並沒有改變他殺人救父的初衷。所以，判處陳祥死刑，對於今後與陳祥同類的潛在嫌犯而言，並沒有什麼影響。原因很簡單，陳祥是一名真正的孝子。他殺人的原因是「義無反顧」，至於是否「觸法而死」，根本在所不計。

所以，刑部尚書的擬判，只會震懾大量「假孝子」。他們絕不會冒著自己被判死刑的風險，去拯救瀕死的父母。今後再發生類似案件，一群人被困在洞穴之中，也許不會發生「眾人針對防範父子」的情形，但取而代之的將是另一種更為恐怖的情形：眾人靜靜等待最老弱者的死去，然後分屍而食。本案中，楊釋會經詢問孫醫食用屍體是否違法、是否能果腹，就是顯明的證據。

好了，尚書大人的擬判，指向的幾種情形已經非常明確了。假如本案判處嫌犯死刑，那麼有一群人被困洞穴，他們必將首先判斷身邊有沒有父子。如果有，繼續判斷其子是不是孝子。如果是，眾人推測孝子將不顧法律後果殺死他人供父食用，於是進行針對性的預先防範。這將出現情形（一）孝子武力較強，成功殺人救父，尚書的擬判無效；情形（二）孝子武力較弱，殺人救父未遂，被眾人正當防衛殺死，其父因老弱先亡，父子均被食屍。尚書的擬判引發災難性後果。如果眾人判斷其子不是孝子，則將引發情形（三）眾人共同等待其父因老弱先亡，而後食屍。在這種情形下，尚書的擬判不僅不利於其父的生命健康，且令其子背上不仁不孝的禽獸罵名。依照尚書的擬判，無論走向何種情形，引發的弊端均遠遠大於相反的判決。

為什麼精心推度的判決，竟可能導向如此弔詭的結局？原因很簡單：利弊繫於情勢，而人之情偽、勢之走向，往往機緣湊泊，不可理喻。如果一樁案件的判決，不基於確鑿之證據、徵實之法律，卻建基於人類以有限理性對未然之利弊、百變之情勢的預判，那麼法學就無異於一門玄學了。這才是尚書大人所抨擊的「玄之又玄，存乎一心，不可捉摸」。

再進一步而言，尚書所謂利弊大小，即便清晰可見，也不應當據以轉移眼下的判決。在本朝明宗時代，曾有一個官員犯法，擬判死刑。該官員的兩個兒子將自己懸吊於城門之上，以刀擬繩，聲稱：「父親正法之日，便是我兄弟自墜之時。」殺此犯，則父子三人俱死；釋此犯，則父子三人俱生。如果衡量判決之後的利弊大小，孰得孰失？審理此案的法官道：「我心猶如天平，只會權衡犯罪的輕重，決不為無關人等而擺動。」[1]最終毅然處死該犯，縋城的兄弟二人也割斷繩索，自墜而死。

可能自墜而死的兄弟倆，在尚書大人看來不過是小小弊端。那麼假設有三千人懸吊於城、要挾法官呢？如果鄰國王子在本朝犯死罪被押赴刑場，而鄰國數十萬大軍壓境要求釋放，否則就兵戎相見、生靈塗炭呢？在此情勢之下，尚書大人作為司法官，是否就手軟了呢？這樣的法律，是不是有點欺軟怕硬呢？這顯然違背了那句古老的法律格言：「稱職的法官，只分辨既定的是非，決不懸揣未發的利害。」[2]

再舉一個相反的鏡像假設。一個無辜者被押赴刑場，掌握一切的造化之神說：「請殺死他吧，不然我就毀滅整個天下。」在此情勢之下，尚書大人作為司法官，是否會懸

1《太平御覽》卷三七六引諸葛亮書：「吾心如秤，不能為人作輕重。」

2 元人謝枋得〈與李養吾書〉：「大丈夫行事，論是非不論利害。」（〔明〕黃宗羲原著，全祖望補修：《宋元學案》，北京：中華書局，一九八六年，第二八四七頁）

揣未來的利弊，硬下心來殺死這個無辜的人呢？這顯然違背了另一句古老的政治教誨：「沒什麼能補償殺害一個無辜的代價，哪怕你送給我或毀滅這整個天下！」[3]

事後的利弊，不應當左右當下的裁判。曾經有個得勢的小人，乘坐國君的車馬打獵。車夫遵照交通法規、正常駕駛，小人一無所獲，空手而歸；車夫胡亂駕駛、亂開亂闖，小人竟然僥倖射了一堆獵物，滿載而歸。[4]試問：這位車夫以後應該胡亂駕駛、亂開亂闖呢，還是繼續遵照交通法規、正常駕駛呢？即便衡量利益，尚書大人有沒有想過，違反交通法規帶來的一時收益，遠遠不足以抵償破壞交通法規造成的長遠弊害？所以先人曾經教訓道：「請收斂你的善心，請杜絕你的惡性，請沿著法律的大道不懈地前進。」[5]請尚書大人收起旁逸斜出的善惡之心、利弊之衡，讓我們回到法律的正軌上來探討案情。

◆假設可以解明實發的刑案

究其根本，司法判決處理的是法律條文與法律事實之間的關係。無論法律條文還是法律事實，都必須處於既定、穩定的狀態，才可以進行二者之間的匹配。如果將事後的利弊納入法律事實的範圍，那麼法律事實將永遠處於變動不居的待定狀態。二者之間的匹配工作，也就永遠沒有成功之日了。[6]所以，我們不應當以遙遠的、變動的未來反推當下——恰恰相反，只有從切近的、確實的當下出發，才能為未來打下一根牢固的地樁。恰如在算學領域，只有弄清楚眼下的這個「一」，才能推一及十，推百及萬，以至於無窮。[7]而我們眼下的「一」，就是本案。所以，且讓我們忽略遙遠未來的十、百、千、萬，姑且來專心致志搞清楚這個「一」吧！

3 《孟子．公孫丑上》：「行一不義，殺一不辜，而得天下，皆不為也。」

4 《孟子．滕文公上》：「吾為之範我馳驅，終日不獲一；為之詭遇，一朝而獲十。」

5 《尚書．洪範》：「無有作好，遵王之道；無有作惡，遵王之路。」

6 《公孫龍子．名實論》：「其名正，則唯乎其彼此焉。謂彼而彼不唯乎彼，則彼謂不行；謂此而此不唯乎此，則此謂不行。其以當不當也，不當而當，亂也。」按：名家的「名」可以指法律條文，「實」可以指法律事實。這裡的「彼謂」「此謂」都是「名」，「彼」「此」都是「實」。這段話說的是：如果「實」越出了「實」的範圍（處於待定狀態），那麼「名」就喪失了與「實」相互匹配（當）的功效，也就會引發混亂。

7 《尹文子》：「凡數，十百千萬億，億萬千百十，皆起於『一』。推至億億，無差矣。」

諸公可能注意到了，我在剛才的駁論中，使用了大量的「假如」。這些假設的情形不是為了讓本就複雜的案情變得更加繁難。恰恰相反，這些僅僅存在於假想之中的擬設，將幫助我們更好理解實際發生的案件。[8]如果假設的情形顯然應判無罪，而本案比假設更輕，那麼本案也應判無罪；如果假設的情形顯然應處死刑，而本案比假設更重，那麼本案也應處死刑。[9]如果本案情形正好處於兩種假設的輕重之間，那麼其判決也應介於二者之間。探討繁複的虛擬名相，是為了辨析精深的法學理論，從而論定複雜的實存案件。[10]無論戰國時代的邏輯學家，還是魏晉的法官，都很擅長運用這種高度抽象思辨的方式，探討複雜的刑事案件。鄙人忝居太常卿一職，正好掌握這種古老的法律技藝。[11]下面便嘗試將案件進行抽象，並設置若干假設的提問，為諸位啟思發想。

為便利後續的討論與假設，將陳氏父子分稱甲父、甲子，楊氏兄弟分稱乙兄、乙弟，醫士孫佗簡稱丙。[12]以下首先討論甲子殺乙兄的正當性，即在天理、人情上有何種強度的正當依據，足以超越國法的正條；其次討論甲子殺乙兄的緊迫性，即在情勢上有何種強度的迫切性，足以阻卻違法的責任。

◆甲子殺乙兄不具有正當性

第一，甲子殺乙兄的正當性假設。

首先明確一個前提：孝子救父，是否足以構成殺任何人的正當性依據？我想即便再激烈的孝子無罪論者，也不得不給出否定的回答。往極端了說，在本案這樣的情形下，孝子決不能殺祖救父、殺母救父。所以，本案需要探討的不是「孝子為救父而殺人是否

8《墨子．小取》：「夫辯者，將以明是非之分，審治亂之紀，明同異之處，察名實之理，處利害，決嫌疑。焉摹略萬物之然，論求群言之比。以名舉實，以辭抒意，以說出故。以類取，以類予。」

9《唐律疏議》第五十條：「諸斷罪而無正條，其應出罪者，則舉重以明輕；其應入罪者，則舉輕以明重。」

10（曹魏）王弼《老子指略》：「夫不能辨名，則不可與言理；不能定名，則不可與論實也。」（載樓宇烈《老子道德經注校釋》，北京：中華書局，二〇〇八年，第一九九頁）

11《漢書．藝文志》：「名家者流，蓋出於禮官。」按：太常即秦漢以降的禮官。

12《晉書．禮志》：「中書令張華造甲乙之問曰：『甲娶乙為妻，後又娶丙，匿不說有乙，居家如二嫡，無有貴賤之差。乙亡，丙之子當何服？』」這是魏晉人假設甲乙以探討案情的實例。

違法」，而是「孝子為救父，可以殺誰」。如果誰都不能殺，那麼顯然孝子為救父而殺任何人均無正當性。換言之，孝子不能殺人救父。

本案嫌犯對此也有清醒的認識。當時他有兩個殺人選擇：一、被害人乙兄；二、老醫丙。他選擇殺死乙兄，而非丙，並非隨機偶然，而有著基於種種複雜的情感考量。這種情感考量，應當排除加害難度。因為就加害難度而言，殺死六十一歲的丙，應當是更優選擇。但是甲子選擇殺死二十八歲的乙兄，說明他已經認識到：殺丙雖然比殺乙兄更容易，但也更缺乏道德的正當性。下一步需要考察的，就是殺乙兄的道德正當性何在以及此種正當性是否足以阻卻違法性。

相比殺丙，殺乙兄的正當性有三點：一、甲父子曾對飢餓的乙兄弟施以援手，殺乙兄有索還恩報的正當性；二、甲父瀕危時，丙曾協助診斷，而乙兄不僅袖手旁觀，且諮詢可否「吃死人肉」，表現出一定的惡性，殺乙兄有報復惡言的正當性；三、乙兄年齡比丙青壯，殺丙有殘殺老弱的不正當性，殺乙兄則不具有此種不正當性。除了以上三點，我想不到乙兄與丙還有什麼本質區別。如果這三點都不支持甲子殺乙兄的正當性，那麼甲子殺乙兄與殺丙無異。其中第三點，只是規避一種不正當性，不足以賦予殺人行為以正當性，可以作為干擾項排除。接下來，我們應當討論：一、甲父子對乙兄的恩，是否足以要求乙兄以命相報；二、乙兄對甲父的惡言，是否足以要求乙兄以命相償。

首先，甲父子對乙兄的恩，不足以要求乙兄以命相報。「恩報」是一種最基本的情感。雖然民間有「受人滴水之恩，應當湧泉相報」之類格言，但「恩報大體持平」應當是處理此類問題的第一項基本原則。如果吃人一口飯，就要還人一條命，我想世界上就沒有乞丐了。由此推導出第二項基本原則：「索報，應在受恩者的預見範圍之內。」換言之，如果甲父子施予救援時，向乙兄弟明確責任：「今後我們若瀕臨餓死，你們有捨身以飼的義務。」我想乙兄弟是不可能接受施恩的。再舉一個判例，令這個道理更加明晰。曾有甲乙二人逃難共行，途中遇丙。丙乞求與之共同逃難，乙不允，甲允之，於是一起逃難。行至中途，情狀更加危急，甲決定拋棄丙，使之墜入死地。乙說：「我一開始不同意帶上丙，就是預見到無力攜之一起脫險。但現在既然已經同行，就應當患難與共，沒有拋棄的道理。」[13]甲不允，仍以強力拋棄丙，丙遂遇難。後來的法官判決甲有罪。

甲乙施恩於丙，則中途拋棄丙尚且不可，何況殺之乎？

其次，乙兄對甲父的惡言，不足以被要求以命相償。「恩報」應大體持平，「怨報」自然也不例外。孔子說：「以怨報怨。」[14]俗諺云：「以牙還牙，以眼還眼。」都是此義。受人一句惡言，奪人一條性命，顯然過當。

綜合以上：一、孝子救父，不構成殺任意人的正當理由；二、甲父子的施恩、乙兄的惡言，均不構成甲子殺乙兄的正當理由。以下再做一個假設：假如甲子克制，未殺乙兄，甲父餓死。乙兄想要食用甲父屍體以充飢活命，甲子不允。乙兄堅持，被甲子毆殺。試問甲子是否有罪？在這個假設案例中，乙兄惡性更大（已將惡言落實為惡行），甲子正當性更強（非主動出擊，而是被動防禦）。可是本朝《律》第三百三十五條規定：「如果祖父母、父母被人毆打傷害，子孫還擊，未造成加害者肢體折傷的，無罪；造成加害者肢體折傷的，減普通鬥毆折傷三等處罰；造成加害者死亡的，依照法律處罰。」[15]活著的父母遭人毆打，子孫尚且沒有將加害者殺死的權利；舉重以明輕，父母遺體遭人破壞，子孫便更沒有殺死加害者的權利了。為了救父母，主動出擊殺死無辜者，並且肢解其屍體的行為，更是法律所不容的，顯然缺乏正當性而有罪。

解明以上問題後，與之相附隨的兩個假設問題就迎刃而解了。第一，假如甲子殺乙兄時，乙兄驚醒，進行正當防衛，殺死甲子。請問：乙兄是否有罪？第二，假如甲子殺乙兄時，被丙察覺，丙擊殺甲子。請問：丙是否有罪？如果甲子為救父而殺死乙兄，無罪；那麼這兩個問題將成為非常棘手的法律難題。既然以上已經證明甲子殺乙兄不具有正當性，那麼對甲子的不法加害行為之反抗，便因具有正當性而無罪。

13《三國志·華歆傳》注引華嶠《譜敘》：避西京之亂，與同志鄭泰等六七人，間步出武關。道遇一丈夫獨行，願得俱。皆哀欲許之。歆獨曰：「不可。今已在危險之中，禍福患害，義猶一也。無故受人，不知其義。既以受之，若有進退，可中棄乎！」眾不忍，卒與俱行。此丈夫中道墮井，皆欲棄之。歆曰：「已與俱矣，棄之不義。」相率共還出之，而後別去。按：後文的事態發展與判決，是筆者虛構。

14《禮記·表記》：「以德報德，則民有所勸；以怨報怨，則民有所懲。」按：「以怨報怨」與《論語》所謂「以直報怨」意思是相同的。

15《唐律疏議·鬥訟》第三三五條：「諸祖父母、父母為人所毆擊，子孫即毆擊之，非折傷者，勿論；折傷者，減凡鬥折傷三等；至死者，依常律。」

◆甲子殺乙兕不具有緊迫性

第二，甲子殺乙兕的緊迫性假設。

這個假設，是為了探討甲子除了殺乙兕，還有沒有其他更優的替代方案。如果有，那就足以證明甲子殺乙兕不具有緊迫性。我想，在當時的情況下，替代方案至少有兩個：一、傷人救父。甲子完全可以打暈乙兕，將之捆縛控制，而後削肉餵食甲父。這樣的話，也許乙兕損失的就只是一條手，而非一條命；甲子也只是傷人救父，而非殺人救父。二、自殘救父。甲父在神志清醒時曾明確拒絕食用甲子的血肉，但此後長期處於昏迷狀態，並在昏迷狀態下食用了乙兕的血肉而存活下來。換言之，他並不知道自己食用的究竟是誰的血肉。此時甲子完全可以繼續自殘，割股啖親。這樣做的實際效果，與殺死乙兕飼父，並沒有區別。在有兩個損害較小的替代性方案的前提下，甲子殺乙兕以救父，顯然緊迫性不足，依然有罪。

綜合以上嚴密的推理，我認為嫌犯陳祥殺人救父違反律條，且缺乏阻卻違法的正當性與緊迫性，應當依法判決。

觀點十四

吃人的道德，是法文化的畸兒

太史莊耳陳詞

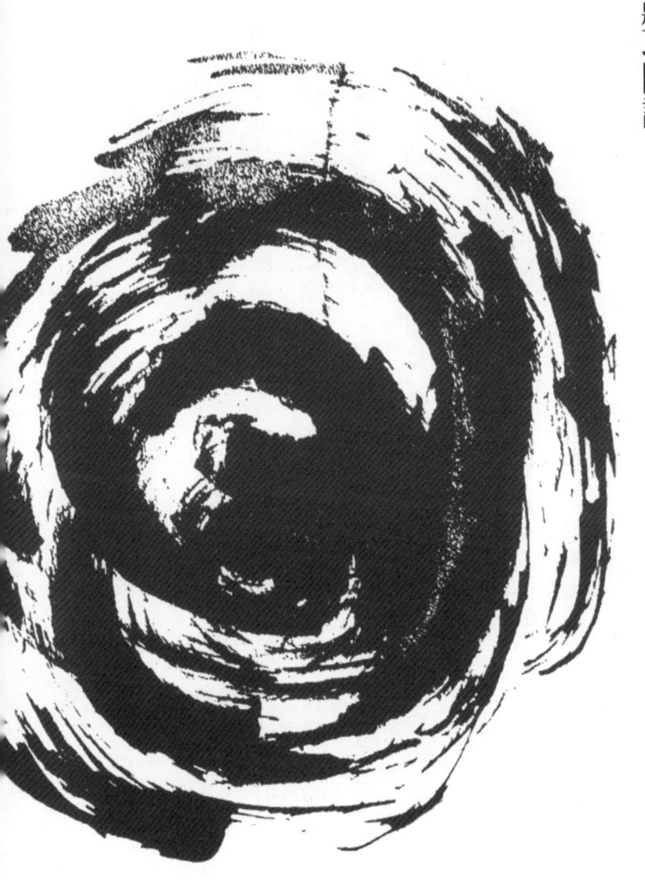

我無意逐一反駁太常卿那些顯而易見的邏輯漏洞。包括但不限於：「父母遭人毆打，子女沒有無限防衛權」並不能舉重以明輕地推導出「父母的屍體遭人肢解、食用，子女沒有無限防衛權」，因為在本朝法律之中，肢解屍體是重罪，判刑遠過於普通的毆打他人；[1]將人打暈後逐日割肉救父，無異於凌遲，遠比殺人更為殘忍，不足以成為替代方案；趁父昏迷時繼續割自己的肉餵食父親，必須冒著父親清醒後兌行諾言、咬舌自盡的巨大風險……

我只想說：前面十三位同僚的發言，精緻得令人作嘔。他們居然可以用那麼嚴肅的法理與學理，精確地探討怎樣殺人傷人才不會觸犯法條，怎樣食人食屍才符合道德。

今天發生這樣的案件，我卻沒有感到絲毫的驚訝。早在大更化之前的春秋戰國時代，就有一位智者滿懷憂患地預言了這起人吃人的案件。他說：「堯舜的時代種下的惡因，必將令一千世之後的人們自食苦果；堯舜的時代開始提倡孝道，一千世之後一定會有人打著孝道的幌子吃人。」[2]三十年是為一世，千世就是三萬年。今日距離堯舜時代還不到一萬年，果然就已經發生這樣的案件。如果再不改弦易轍，任由這套忠孝的法律繼續滾雪球般發展下去，恐怕智者的恐怖預言將會不幸而言中，這片國土將淪為忠臣孝子公然殺人食屍的地獄！

秉承堯舜孔孟之道的法律，是滋生孝子殺人犯罪的溫床。吃人的道德，是畸形法文化的產兒。如今諸公卻儼然以父親的身分，或親親相隱，或大義滅親。其實今日與會高談的袞袞諸公，與當日殺人食屍的孝子嫌犯，根本就是一丘之貉。這一事實，根本不是諸位判孝子有罪抑或無罪所能改變的。本人拒絕再為這樣的法律為虎作倀，因此放棄擬判的權力，退出這次集議。

1《唐律疏議・賊盜》第二六六條：「諸殘害死屍（注：謂焚燒、支解之類），及棄屍水中者，各減鬥殺罪一等。」

2《莊子・庚桑楚》：「大亂之本，必生於堯舜之間，其末存乎千世之後。千世之後，其必有人與人相食者也！」

最終判決

由於集議的與會者意見不一，且各種觀點的論證針鋒相對，宰相按照慣例將集議的書面記錄提交給皇帝，作為最終裁判的重要依據。在這份書面記錄中，發表觀點的與議者有十四人，其中二人放棄做出明確的裁斷，四人支持無罪，八人不同程度地支持有罪。一天之後，皇帝以制詔的形式做出終審判決：「制詔御史：陳祥殺人救父，於法為逆，於情可潛。朕重違民意，特下群臣大議。然與議諸臣各執一理，相持難下。《傳》不云乎：『善均從眾。』《書》亦有之：『三人占，則從二人之言。』依律當陳祥為謀殺已殺。死罪當誅，孝心可傷，其減斬刑，賜使自裁。」

根據這一裁定，刑罰將在本元三年三月五日執行。屆時，死刑執行官將奉命監督嫌犯在一處祕密地點自盡。

外一篇

華朝法律往事

這篇文章是一則相當長的寓言。這則寓言涉及一個名為「華朝」的王朝，也許就是「洞穴公案」發生的那個朝代。不過這個寓言的敘事，要比「洞穴公案」宏觀得多，當然也就無趣得多。[1]

◆第一個君主：太祖朝的法律往事

華朝的第一個君主是太祖。和大更化前後大多數王朝的開國之君一樣，太祖透過武力征服奪取了天下。他憑藉最為強大的武力，在諸多逐鹿的競爭者中脫穎而出，成為那場持續數年的大混戰的最終勝利者。

太祖剛剛消滅上一個政權——亡朝，就頒布了一項大快人心的政策：宣布廢止亡朝的一切法律。王朝草創後，太祖仍忙於東征西討，忙於剿滅亡朝的殘餘勢力，鎮壓野心勃勃的叛亂者，一直沒有充裕的閒暇制定頒布一部新的法典。

不過，太祖並不覺得沒有法典有什麼不便，這也不意味著太祖朝就沒有法律。太祖透過一個又一個命令，嫻熟流暢地下達最高指示。沒有官僚進行任何質疑：為什麼我們要遵守你的指令。因為這些官僚大多是追隨太祖的軍官們，剛剛脫下戎裝、換上官服轉變而來的。雖然身分發生了從馬上到馬下的顯著切換，但這些軍官早已習慣聽從昔日的軍事領袖、今天的開國君主的命令，不管這是軍事指令還是政治指令。

當然也有部分官民感到不太適應。其中一些是華朝肇建之後，太祖慕名禮聘的社會賢達。他們從來沒有參與過原來奪取天下的那個軍事集團，所以很不習慣那種軍隊作風、不容置辯的指令形式。還有更多的則是亡朝的遺民，他們以軍事上的失敗者、被征服者的身分，服從太祖的指令。這些因素並不影響君主指令的上傳下達。強大的武力足以掩蓋一切小小的不和諧。

1 一九六一年，哈特《法律的概念》假設了一個雷克斯國王的簡單法律世界；一九六四年，富勒《法律的道德性》利用這一現成的假設，討論了「造法失敗的八種形式」及著名的「法律的內在道德」。參見〔英〕H·L·A·哈特《法律的概念》（第二版），許家馨、李冠宜譯，北京：法律出版社，二〇〇六年，第五〇—五七頁；〔美〕富勒《法律的道德性》，鄭戈譯，北京：商務印書館，二〇〇五年，第四〇—四六頁。本篇即對雷克斯故事的模仿。

總而言之，太祖朝的法律淵源就是君主的指令。君臣之間服從與被服從的關係，是從原軍事集團的上下級關係脫胎而來。太祖朝的權力結構與法律淵源模型非常簡單，可以表示如下（見圖一）。

◆第二個君主：太宗朝的法律往事

戎馬一生的太祖駕崩，他的嫡長子成為年輕的新一任君主，史稱太宗。太宗的權力來源，與太祖迥然有別。

太祖原本就是開國軍事集團的領袖，他指使群臣猶如指揮部下。但太宗從來沒有參與過建國戰爭。建國戰爭如火如荼進行之時，他還在穿開襠褲呢。如今太宗君臨天下，雖然他是太祖唯一指定的繼承人，群臣並沒有表現出明面的不服從，但他仍然不得不乞靈於父親的權

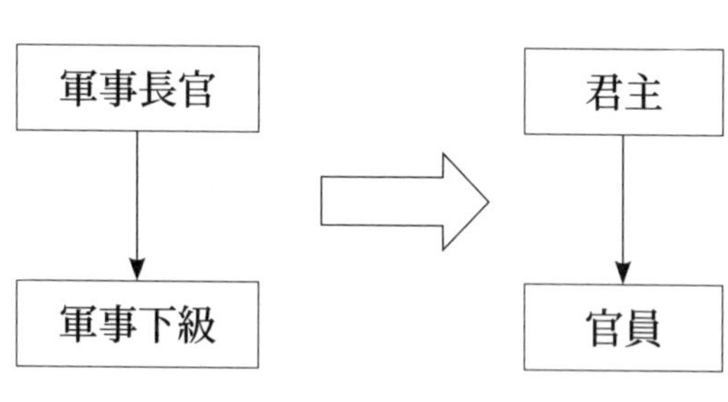

圖一：太祖朝權力結構與法律淵源模型

威，以增強自己的合法性。

太宗的登基詔書由三部分構成：第一部分，回顧了太祖征服四方、統一天下的赫赫功業；第二部分，表示自己雖然德行虧欠、能力不足，但由於群臣的一致擁戴、基於嫡長子繼承制，只得繼承太祖遺留的政治遺產，並戰戰兢兢奉行君主的職責；第三部分，承諾太祖時代的一切法令繼續有效。

請注意，太宗成為君主，並不是像太祖那樣，由軍事上的服從與被服從關係，直接轉換為政治上的服從與被服從關係；而是透過家產繼承，完成了政治權力的平和交接。換言之，太宗引入了軍事層級之外的民事繼承制度，論證自身權力的合法性來源。而「嫡長子繼承制」這種民事繼承制度，數千年來通行於民間，所以能作為政治權力交接的依據，獲得群臣的默認。

君主引入一項新的權力合法性來源，其權力也就必須受到此種合法性來源的制約，這是不言自明的道理。既然太宗透過父子血緣關係獲得了新的權力，那麼他就有義務對已經死亡的太祖持續表達忠實的孝道。

就像大部分兒子都會對父親心存逆反，太宗皇帝對太祖時代的一些政策也頗有微詞，同時對開國元老們的大權在握、處處掣肘心存不滿。可是民間對孝道的一種重要理解就是：「父親去世後的三年之內，孝子有義務保留父親在世時的一切慣例。」[2]所以太宗仍然不得不承認一切既存現狀，並且透過盟誓的形式宣告開國元老及其子孫的一切特權繼續有效，以實際利益換取政治支持。

開國元老們自然洞悉了這一政治奧祕。他們開始有意識地強化太祖的權威，美化太祖時代的政治舉措。儘管太祖只是一介武夫，可是他發布的種種優容臣下的指令，都被認為具有高妙的法意、深遠的用意。事情的另一方面則是：太祖曾經用以強化皇權、打壓部下的許多舉措，儘管被元老們選擇性遺忘，卻被太宗皇帝反覆提起，強化為國家政治生活中最深刻的記憶。

在太宗皇帝與開國元老的互動博弈之中，一項名為「祖宗之法」的法律淵源漸趨成型。[3]在太宗朝乃至後來的政治法律實踐中，這些「祖宗之法」至少包括：

非宗室不得封王，非有功不得封侯。[4]這是建國之初，太祖剪除了權力過大的異姓諸侯王後，與元老功臣們共同立下的誓言。何謂「有功」，解釋餘地很大，最初僅指「軍功」，後來被擴大解釋為許多其他君主及其統治集團認可的行為；但何謂「宗室」，這是非常明晰的。所以這項誓言被太宗及其繼任者反覆提及，用以限制軍功階層的政治待遇上限。

開國元老的政治待遇世代不絕，與本朝相始終。[5]這是太祖朝初封功臣時的誓言。太宗即位時，為了換取功臣元老的政治支持，又重申過一次。不過這條祖宗之法僅在建國初年起過作用。隨著功臣集團人才的萎縮，本朝的統治基礎發生了悄然變更，這一項誓言也就名存實亡了。

臣民在君主面前發表的錯誤言論不受法律追究。這是太祖時代為了顯示優容的胸

2《論語・學而》：「父在觀其志，父沒觀其行。三年無改於父之道，可謂孝矣。」

3 參見鄧小南《祖宗之法：北宋前期政治述略》，北京：生活・讀書・新知三聯書店，二〇一四年。

4《史記・漢興以來諸侯王年表》：「高祖末年，非劉氏而王者，若無功上所不置而侯者，天下共誅之。」

5《史記・高祖功臣侯者年表》：「封爵之誓曰：『使河如帶，泰山若厲，國以永寧，爰及苗裔。』」

懷，多次做過的表述。功臣元老們忽略了太祖也曾有睚眥必報、因言降罪的殘酷一面，而不斷塑造、強化其包容開放的一面，將太祖即興的言論奉為圭臬，打造成一條祖宗之法。雖然本朝的統治基礎後來從軍功階層轉換為了士人，但這條祖宗之法仍然得到熱烈擁護與維持，其表述逐漸走形為「本朝不殺士大夫」，甚至出現了太祖時代曾經將之刻石立碑、藏之太廟的傳說。[6]

此外還有一些關於宦官、外戚權力邊界的規則，不煩贅述。由於祖宗之法不是白紙黑字的明文規定，也不是普遍適用的一般規則，實質上只是對統治集團高層內部的某種權力約束，所以其內容也屢屢隨著統治勢力的消長而變動不居。[7]

還要說明的是，隨著世代的更迭，先王先帝們的成旨越堆積越多，互相矛盾的意旨、龐雜混亂的文件，往往令官僚們無所適從。何況其中有些前任君主是被政變推翻的，他們制定的規則自然不可能得到現任君主的認可。君臣之間逐漸形成了這樣的默契：只有有建國之功者，才有資格稱「祖」；只有有治國之德者，才有資格稱「宗」。[8]所以，君主死亡之後，後繼的君主總要組織群臣召開一次先帝榮譽稱號的評定會議。普通的君主死後只能短暫享有獨立的廟宇，經過七代之後就只能在太廟保留一個牌位。而享有「祖」與「宗」榮譽稱號的君主，可以永遠享有獨立的廟宇。「祖」與「宗」的法度，才有資格成為「祖宗之法」。從本朝的最終實踐來看，「祖宗」榮譽稱號享有者只有君主總數的四分之一左右。[9]

相比太祖朝以君主指令為唯一的法律淵源，太宗朝增添了祖宗之法。國家權力結構

---

6 署稱陸游撰《避暑漫抄》引《祕史》：「藝祖受命之三年，密鐫一碑，立於太廟寢殿之夾室，謂之誓碑。……誓詞三行，一云：『柴氏子孫有罪不得加刑……』一云：『不得殺士大夫及上書言事人。』一云：『子孫有渝此誓者，天必殛之。』」參見劉浦江〈祖宗之法：再論宋太祖誓約及誓碑〉，《文史》二〇一〇年第三期。

7 程樹德《中國法系論》的「中國法系之憲法」詳列了自漢至清的「憲法」，其實多為祖宗之法。參見程樹德《國故談苑》下冊，北京：商務印書館，一九四〇年，第二八九—二九四頁。

8 賈誼《新書·數寧》：「祖有功，宗有德。始取天下為功，始治天下為德。」《孔子家語·廟制》：「古者祖有功而宗有德。謂之祖宗者，其廟皆不毀。」

9 西漢去古未遠，執行「祖宗」廟號制度較為嚴格，此處即以之為據。西漢君主共計十五人（含前後少帝、劉賀，不含孺子嬰），被東漢確認有廟號者四人：太祖漢高祖、太宗漢文帝、世宗漢武帝、中宗漢宣帝。

引入了繼承規則，過去的軍事集團式樣發生改變，從而具有了「家」的外觀。這一權力結構與法律淵源模型，可以圖示如下。

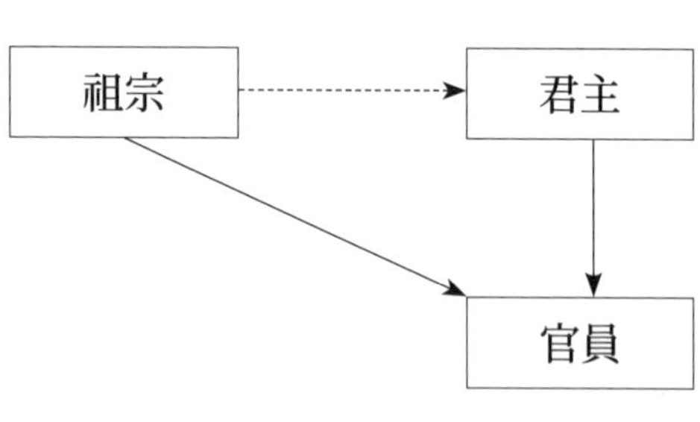

圖二：太宗朝權力結構與法律淵源模型

◆第三個君主：憲宗朝的法律往事

太宗去世後，按照既定的繼承規則，其嫡長子登基即位。因為他後來的立法事業，所以史稱憲宗。[10]

憲宗頭上已經有兩位「祖宗」，這令他和許多務實的官僚均感到不便。官僚們每辦理一件事務，都需要尋找到不同年份的祖宗詔書作為行政依據。不僅新人需要漫長的熟悉期，老官僚們也頗感煩瑣。至於憲宗本人，也並不希望官員們對翻閱祖宗之法表現出過度的興趣。這不僅羈絆了王朝前進的步伐，也會束縛住君主意欲大有作為的手腳。遴選出祖宗之法的現行有效部分，成為朝野上下的共同期盼。在此背景下，憲宗任命宰相領銜的立法班子著手制定律典，並在數年之後正式頒行。

律典的第一個作用，是切斷了一般臣民與祖宗之法的聯繫。法官法吏不必再在卷帙浩繁的前朝成法之中勞心費神，而只需要翻閱手頭的這本法律一本通了。如此一來，現行有效的祖宗之法漸趨凝固，剩餘的部分也就被默認過時作廢。現任君主不再受父祖兩代歷史包袱的掣肘，權威得以加強。

律典的第二個作用，是對現任君主產生了意想不到的制約。由於律典條文簡明、文字確鑿，所以君主如果違律，天下人都會耳聞目睹。憲宗一度對此很不適應，曾經打算對某些特定的刑事犯罪嫌疑人在律外加刑。可是司法官卻說：「律典是君主與天下的公共契約。君主違約在先，那天下人就沒有必要守約在後了。」[11]憲宗不得不忍氣吞聲，

10《大金集禮》卷三：「創制垂法曰憲。」轉引自汪受寬《謚法研究》，上海：上海古籍出版社，一九九五年，第三八三頁。

11《史記．張釋之列傳》：「法者，天子所與天下公共也。今法如此而更重之，是法不信於民也。」

收回成命。

律典與君主指令的法律效力孰高孰低？這是一個有趣的新問題。本朝的法律實踐在這個問題上呈現出相當程度的糾結。文書制度也許是一個巧妙的觀察視角。按照本朝的文書制度，律典用三尺長的竹簡為書寫材料，而君主詔書則寫在一尺一寸的竹簡上。似乎律典比君主詔書具有更正式的效力。

不過，律典與祖宗之法不同，並沒有高於現任君主的權威。律典只是君主委託宰相制定的一部法律，其效力平於或低於君主本人。換言之，君主不可能違律，只可能破律。在本朝後來的法律實踐中，當然有不少君主像憲宗一樣，接受司法官的勸諫，認可律典的權威；可是以詔敕破律者，也絕不在少數。當現任君主的指令與律典這兩大法律淵源相左時，考驗法官們的時候就到了。有的法官持守律典，即便為之付出生命，亦在所不惜；有的法官在君主指令與律典權威之間苦心彌縫，左右互補；更多的法官則揣摩君意，視律典如明日黃花。尤其在現任君主表現出相當的強勢之時，最後一種法官便大量湧現。這種人一般被稱為「酷吏」。

曾經有一位臭名昭彰的酷吏，說過一段極其露骨的言論，赤裸裸揭示了君主指令與律典之間的關係：「律令是從哪裡來的？還不是從君主的指令轉換而來？前任君主的指令，就是律典；後任君主的指令，就是令典。既然如此，那麼我們直接執行現任君主的指令即可，何必管那些陳年爛帳？」[12]

在祖宗之法已經漸趨凝固、新定律典與君主權威渾然一體、更高的法源尚未出現的憲宗朝，現任君主的權勢達到了一個相當高的強度。憲宗朝的權力結構與法律淵源模型，如下圖所示。值得注意的有三點：其一，律典頒行後，祖宗之法鮮少再對官員產生直接約束，而更多是對現任君主的合法性支持或制約。其二，君主與律典是二位一體的權威，在多數時代的觀念中，律典並不高於君主，君主可以以詔書破律，官員也能引律典為據、抗拒君主的指令。其三，在憲宗朝之後的時代，律典作為祖宗制定的法典，一

12《史記·酷吏列傳》載杜周語：「三尺安出哉？前主所是著為律，後主所是疏為令。當時為是，何古之法乎！」按：漢代法律書寫在三尺長的竹簡上，故「三尺」即指代法律。

定程度上也就具有了「祖宗之法」的意義。不過與原始意義上的祖宗之法不同，律典是可以修改、可以與時俱進的法典。歷代君主常常採用修律或編纂副法典（如令典、條例之類）的方式，對律典不合時宜的部分進行調適（見圖三）。

◆第四個君主：玄宗朝的法律往事

玄宗登基的時候，開國已經是半個多世紀之前的遙遠往事了。太祖皇帝憑藉武力建立新朝帶來的震撼，也逐漸在民眾的記憶中淡化為又一次改朝換代的微瀾。波瀾不驚的海面之下，洋流又逐漸回歸了慣常的流向。這個比喻首先具化為各級地方政府嚴重的在地化與離心趨勢。

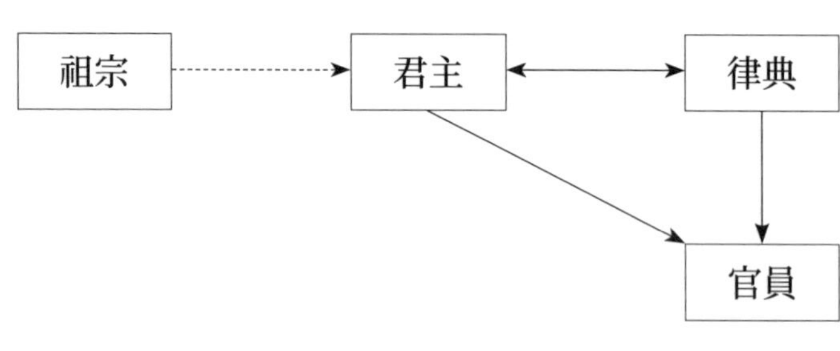

圖三：憲宗朝權力結構與法律淵源模型

建國之初，太祖就設置了兩級地方政府，委任了大批地方官員。不過當時的地方政府，更多具有中央政府的派出機關性質。當時的地方政府職能，更多帶有征服、鎮壓、安撫的意味，其次才是徵兵收稅、興建公共設施之類地方政務。地方官也不可能是本地賢達，而由開國軍功集團的二流功臣出任。這些委任一方的二流功臣，與集聚中央的一流功臣聲氣相通，均代表太祖領導的開國軍事集團的核心意志。

可是隨著時間的流逝，二流功臣及其後裔的利益逐漸在地化。他們更熱衷於守護或增殖位於地方的封邑利益，而對中央政府的利益日趨淡漠。在這半個多世紀中，地方人才雖然還罕有資格躋身中央統治集團的高層，但日益滲入地方政府，擔任要職。本朝地方任官雖然仍在嚴格執行籍貫回避制度，即本地人士不得出任本地行政長官，但行政長官以下的要職幾乎都已經變成本地人士的自留地。換言之，一級地方政府，除了長官是中央空降的孤零零的外地人，其餘副官幾乎都已變成本地人士。長官為了順利開展工作，也不得不相當程度地遷就乃至討好地方勢力。因為這些地方勢力已經從建國之初鎮服、打壓的對象，搖身一變成了地方政府的支配者。本朝賴以統治的社會基礎，已經從開國軍功集團，悄然轉換成了具有地區影響力的宗法領袖。

在此情形下，中央治吏的法律雖然更加嚴密，可是君主指令的下達卻已經遠不如建國之初順暢。民間甚至流傳著這樣一句順口溜：「君主指令，只需高掛牆壁；地方政令，才是晴天霹靂。」[13]

中央對地方控制力削弱，地方對中央離心力增強。玄宗及其智囊團認為，這是太祖以武力為政權合法性來源的必然結果。太祖憑藉武力，在亡朝末年的群雄逐鹿之中勝出，並以此作為征服、鎮撫地方的基礎。可是「開國」已經漸漸淡化為人們記憶中的陳年影像。國家生活的主題由「馬上力征」轉為「馬下文治」，不可能也沒必要在地方常年保持武力高壓。曾經備受打壓的地方實力派蠢蠢欲動，甚至認為新一輪「逐鹿」遊戲即將開始。「溥天之下，莫非王土」逐漸變成「天高皇帝遠」，進一步可能就要「皇帝輪流做，今年到我家」了。作為合法性保障的「武力」逐漸變弱，作為合法性來源的「祖宗」變成一家之私，君主指令與律典權威也就只能走一步看一步。中央政府的合法性危機加劇。

玄宗及其智囊團在鐵腕打擊幾起地方騷亂的同時，也改變了歷史的敘事策略，為本朝嫁接了一個新的合法性來源。在一次成功鎮壓地方叛亂之後，玄宗下詔聲明：「朕的權力來自父親憲宗皇帝，憲宗的權力來自祖父太宗皇帝，太宗的權力來自曾祖太祖皇帝。而太祖能得天下，原因在於亡朝氣數已盡，我朝天命所歸。」為了強化「天命」合法性，玄宗不惜對過去不斷渲染的「開國武力」採取弱化的敘事策略。在玄宗朝的開國史敘事中，亡朝即便在滅亡前夕仍能湊齊百萬大軍的強大武力，可是在決戰之時忽然臨陣倒戈；太祖的逐鹿競爭者們也是更為強大的軍事力量，他們的失敗不是軍事失敗，而是「天要亡我」。[14] 太祖皇帝則被塑造為提三尺劍白手起家的弱者，即便在群雄逐鹿之際，也僅僅擁有一旅之師、百里之地，卻靠著一連串極富戲劇性的奇蹟獲得了天下。[15]

到此為止，玄宗完成了本朝合法性的重塑：太祖奪取天下是天命所歸；而這種對本

13《初學記》卷二四〈居處部·牆壁〉引東漢崔寔《政論》：「今典州郡者，自違詔書，縱意出入。故里語曰：『州郡記，如霹靂；得詔書，但掛壁。』」

14《史記·項羽本紀》：「然今卒困於此，此天之亡我，非戰之罪也。」

朝合法性的天命支持，順著嫡長子繼承制的血脈延續，接續傳遞給太宗、憲宗、玄宗。雖然這種傳遞並不會導致天命合法性的遞減，但是為了喚醒民眾的記憶，玄宗還是決定再度與上天取得直接聯繫。他依據古老的傳說和一些民間的方術流派，舉行了一場盛大的「封禪」典禮。他駕臨濱海平原的一座最高的大山，率領群臣一起攀登絕頂，並在山巔之上繼續加土築壇。在這人間與上天物理距離最短的處所，玄宗以「天之子」的身分，向其宗教意義上的父親——上天彙報工作成績，請求繼續的支持。此外，他還會在大山之側的一座小山處挖土闢地，向宗教意義上的母親——大地表示禮敬。[16]

經過歷史敘事的重塑、封天禪地的典禮，玄宗朝儼然進入了一個盛世。不過如前所述，一個王朝從某種合法性中受益，也必不可免要受其約束。玄宗在為自己頭頂增添光環的同時，也戴上了一道緊箍。按照古老的傳說，風調雨順、天降祥瑞，民生愉快，固然是上天對天子的褒揚；可是風雨不時、陰陽不調、災異頻發，民生艱難，當然也就是上天對天子的警告。[17]一種比較成熟的陰陽政治理論甚至明確提出：「君主犯錯，上天就降一場災害，作為警告；君主不知悔改，上天就出現一個異象，作為嚴重警告；君主怙惡不悛，上天就轉移天命——本朝氣數耗盡，新的王者受命崛起。」[18]

「天命」合法性的引入，為本朝增添了一項高於現實君權甚至高於祖宗之法的新法律淵源。這項法律淵源對民眾沒有直接影響，但是高層官員常常引之作為規諫君主的理據。經過實踐經驗的積累，特定自然現象與特定政治得失之間的關聯也愈加清晰，比如：亢旱不雨意味著陽氣太盛、君權獨伸，君主應當適度收斂，賦予臣子更大權力；陰

15《漢書．敘傳》引班彪〈王命論〉集中反映了「逐鹿」與「天命」兩種合法性敘事的衝突，如云：「世俗見高祖興於布衣，不達其故，以為適遭暴亂，得奮其劍。遊說之士至比天下於逐鹿，幸捷而得之。不知神器有命，不可以智力求也。」參見侯旭東〈逐鹿或天命：漢人眼中的秦亡漢興〉，《中國社會科學》二〇一五年第四期。

16《史記．封禪書》〈索隱〉述贊：「登封報天，降禪除地。」

17《潛夫論》：「德政加於民，則多滌暢姣好堅彊考壽。惡政加於民，則多罷癃尪病夭昏扎瘥。」

18《春秋繁露．必仁且智》：「凡災異之本，盡生於國家之失。國家之失乃始萌芽，而天出災害以譴告之；譴告之而不知變，乃見怪異以驚駭之；驚駭之尚不知畏恐，其殃咎乃至。」按：「災」指對民眾造成實際損害的自然災害；「異」是指對民眾沒有實際損害的反常自然現象。

雨綿綿、夏日飛雪意味著陰氣太盛、殺伐過多，君主應當慎刑恤獄，寬赦小罪……一場損失慘重的瘟疫或地震之後，君主總會第一時間下發自我引咎的認錯詔書，並除去一些積怨已久的苛法弊政。這與亡朝君主對天命的純粹利用，構成了鮮明對比。

根據可靠的歷史記載，亡朝開國君主那塊玉璽上，就刻著「本朝受命於上天，將永遠昌盛」之類文字。可是他拒不接受上天對本朝的任何警示。曾經有一次，亡朝君主渡河，遭遇可怕的風浪，險些翻船。群臣驚魂未定，表示這是附近的山河之神對君主的警告，應當趁此機會自我反省。亡朝君主不僅拒絕，且找出了附近據說有靈驗的大山。他接下來的舉動，令人瞠目結舌：派遣三千囚徒，將山上的樹木全部砍伐，並且將山塗抹成赭紅色。眾所周知，赭紅是亡朝囚服的顏色，而砍樹是在對山實施剃除毛髮的恥辱之刑。亡朝君主的瘋狂舉動，據說就是加速政權傾覆的主要原因。有了亡朝的前車之鑒，本朝玄宗之後的歷代君主雖然對「天有異象」與政治缺失之間究竟有無必然聯繫將信將疑，但仍然不敢冒險公開質疑，只能採取寧可信其有的曖昧態度。

不僅如此，聰明的臣子逐漸掌握了解釋天象的主動權。即便有些年份罕見地風調雨順、沒有任何災異，但臣子們反而認為這種情況更加值得警惕：上天對君主抱有希望，才會警告、譴責；上天既然沒有任何表示，說不定是對君主徹底絕望，已經打算暗中轉移天命了。[19]

可是後來，也有臣子走得過遠，竟然真心實意地以天象、災異為依據，認為天命即將轉移，勸諫君主主動讓出君位，以待賢者。震駭的君主以異端邪說的罪名，將這些人施以極刑。[20]經過磨合，君臣之間終於學會將「天命」這一新的法源，控制在體制之內發揮作用：君主借助天命，神道設教，增強自身的合法性；[21]臣民借助天命，規勸進諫，修復君主的合法性。

19《春秋繁露・必仁且智》：「楚莊王以天不見災，地不見孽，則禱之於山川曰：『天其將亡予邪！不說吾過，極吾罪也。』」

20 參見錢穆《國史大綱》第八章第七節「漢儒之政治思想」，北京：商務印書館，一九九四年，第一五〇—一五二頁。

21《周易・觀卦・彖辭》：「聖人以神道設教，而天下服矣。」

總之，玄宗朝之後的法律淵源與權力結構較之此前各朝，均變得複雜了起來。其中，天命賦予祖宗以合法性，也對現任君主的合法性做出直接評價。這些評價往往直接體現為民生的苦樂，而由知識階層出身的官員們進行解讀。（見圖四）

◆插曲：一位海外觀察者的筆記

玄宗朝末年，中央的船隊開闢了通往爪哇國的海路，雙方商貿往來日益頻繁。不少爪哇國學者也隨著商隊來到華朝，以驚異的目光打量這個文明世界。其中一位名曰魯客的爪哇國法學家，在閱讀《華朝史記·刑律

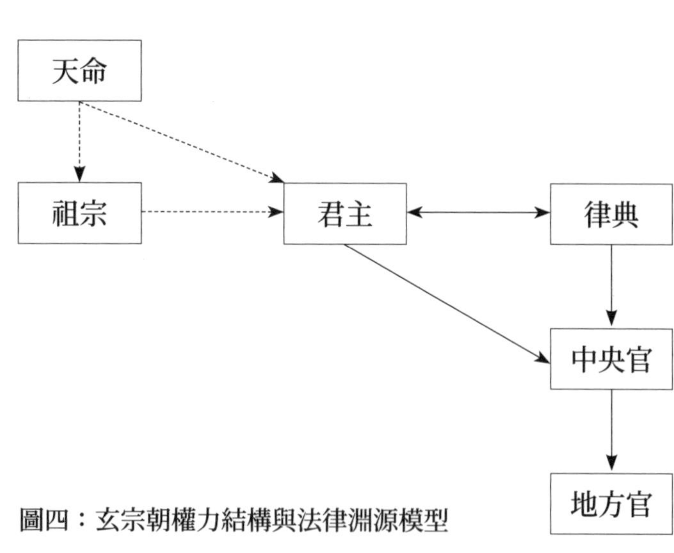

圖四：玄宗朝權力結構與法律淵源模型

志》時，留下了大量筆記。魯客早已返國，這份筆記卻遺留在了華朝，成為絕好的來自域外之眼的觀察。以下選錄部分刑律志的原文及批注。[22]

刑律志：亡朝既覆，群雄角力，地醜德齊，未能相下。我太祖躬神武之材，行寬仁之政，總攬英雄，剪滅諸侯，一統海內，遂得以號令天下，再造制度。

批注：法律不過是具有至高無上的父權者的意志。華帝國的開國皇帝憑藉強大武力，壓服了其他小一號的父權者，成為高居所有父親頭上的至高無上的父權者。這是這個帝國法律的起源。

刑律志：及太宗即位，承太祖之武烈，躬修玄默，與民更始。是時將相皆舊功臣，少文多質，懲惡亡朝之政，治法務在寬厚。是以刑罰大省，化行天下。

批注：君王們根據親權，繼承對最高權限的行使。

刑律志：憲宗之世，海內未靖。於是修祖宗之法，作律十二篇。

22《刑律志》原型為以《漢書．刑法志》為代表的正史刑法志敘事，魯客的批注原型為英國洛克《政府論》。

批注：君王制定法律的理由是這樣的：當君王或忙於戰爭，或為公務所羈，不能使每個私人都和他們本人接觸，來請示他們的意志和願望，這時候就有必要創立法律，使每個臣民都可以從法律的解釋中知道他的君主的願望。

又注：君王高於法律。

刑律志：太祖既受天命，三傳至今，祥瑞並起，四海升平。今上乃東臨海濱，登封大山，降禪小陵，敬告天地以成功，是再受命。

批注：在我們的國家，神根據他自己的模樣，造出了第一個男人。這個男人根據神命而取得這種支配全世界的權力。其後的先祖們根據下傳給他們的權利而享有這種權力。[23]

……

魯客在這份筆記中，從他本國的經驗出發，對爪哇國與華朝的法律做了詳盡的比較。其中既不乏真知灼見，也充斥著牽強的比附。總的看來，在魯客眼中，兩國法律似乎並沒有什麼截然的不同。遺憾的是，魯客在玄宗駕崩的同一年，就返回了爪哇國。第二年，聖宗登基即位，揭開了華朝法制史的全新篇章。

◆第五個君主：聖宗朝的法律往事

聖宗登基的那年，即便最長壽的開國元老都墓木拱矣，軍功二代也已經凋零殆盡。統治集團的高層人選，長期出自開國軍功集團這一封閉的小圈子，因此素質日趨平庸，執政風格日趨保守。相比起地方政府的生氣勃勃，中央政府更顯暮氣沉沉。年輕的聖宗對此深致不滿。他做出一個大膽卻符合時代潮流的決定：將中央政府向全社會開放，透過考試的方式將地方頂尖人才吸收到中央。這個決定，徹底改換了本朝統治的社會基礎。

聖宗的本意是不拘一格選拔人才，讓全社會各行各業的菁英人群齊流並進，都有進入中央政府的機會。不過出乎他意料的是，考試選拔出的人才普遍來自一個名為「士民」

23 以上批注分別參見〔英〕洛克《政府論（上篇）》，瞿菊農、葉啟芳譯，北京：商務印書館，一九八二年，第八、九頁。

的階層。本朝的民眾，依據職業分工被區分為四種成分，分別是：士民、農民、商民、工民。其中，後三類都是體力勞動者，唯有第一類是腦力勞動者[24]。而本朝的「士民」絕大多數是聖師的信徒。

聖師是列國時代的歷史人物。他晚年退隱在家，廣收門徒，選用黃金王朝遺存的歌謠、檔案、禮儀、占卜、歷史作為授課教材。這些教材因為來源古老，且經過聖師的精心挑選和系統整理，所以後來被信徒們尊奉為「經典」。聖師生前只是列國時代諸多傑出學者之一，但身後門牆廣大、信徒日增，逐漸被尊奉為「聖人」。

在此之前，只有黃金王朝幾個半神半人的聖王才有資格躋身「聖人」的行列。生前在政治領域屢遭挫折、並無多少事功可言的聖師，在「聖人」之中可算一個異數。不過信徒們逐漸發展出了一套解釋話語。他們說：聖師與那些聖王們一樣，也受到了天命的眷顧，獲取了無上的智慧，具有直接解讀天意的神奇能力。只不過聖王們碰巧獲得了世俗的爵位，而聖師不巧沒有獲得罷了。其中蘊含著另一番天意：上天授命聖師作為一位師者，鑽研出永恆不變的政治原理，供後世效法取用。聖王們的功業隨著他們的死亡及身而斬，後人無從復刻他們的成功，但聖師留下的經典，將永遠惠澤人世，成為用之不竭的寶藏。

雖然聖師的學問廣大，涉及文學、歷史、口才等多個方面，但信徒們一致認為治國理政才是其一貫宗旨。他們努力從聖師搜集的每一首歌謠中體會治國的原理，從聖師記錄的每一條歷史記錄裡領悟法律的奧祕。即便在亡朝那樣極力反智、壓制學問的時代，信徒們仍然冒著生命危險保存經典，傳承學問。太祖征服天下的最後時刻，當他帶著盔明甲亮的軍隊開進聖師故里的時候，發現這座烽火連天的危城之中，竟然到處都是弦歌誦讀之聲。

在太祖、太宗時代，軍功階層壟斷了政府的要職。但仍有一些文化、教育、禮儀的冷衙門，被聖師的信徒們（「士民」）見縫插針地占據。憲宗、玄宗時代，掌握法律之學

24「士」是「民」的一部分，農、工、商、民經過學習也可轉化為士民。例如宋蘇轍云：「凡今農、工、商賈之家，未有不舍其舊而為士者也。」參見余英時《朱熹的歷史世界：宋代士大夫政治文化的研究》，第一三二—一三四頁。

的法吏、精通陰陽之學的方士、具有地方影響力的宗法領袖先後登上舞台。但聖師的學問非常廣大，也含有相當的法律、陰陽知識。士民們憑藉這些知識，進一步滲入政府，或充當軍功階層、宗法領袖背後的幕僚。

現在，聖宗明確下詔政府向全社會公開，透過考試選拔人才。在各級考試之中，力拔頭籌者無疑都是士民。士民們再也無需其他身分的掩飾，終於可以一展所學，對政府施加公開的影響。

士民與法吏具有根本的不同。有操守的法吏，大多嚴格遵循律令的字面意思，即便受到皇權的高壓也不肯退讓；無操守的法吏則熱衷於揣摩現任君主的心意，曲解法律以迎合君主——除了現行的法律與現任的君主，他們沒有其他堅持的價值準則。但士民們在出仕之前，大多已經效法聖師，誦讀經典數十年。聖師的教誨、經典的薰陶，早已淪肌浹髓。也就是說，他們有著一套相當強固的、獨立於現世法律權威之外的價值觀。當然，就像法吏有操守之分，士民之中也有相當數量的敗類。不過，在野的士民在民間掌握著相當強大的話語權。他們隨時關注已出仕士民的言行，公開評論其得失。某個士民如果被評定為違背聖師教訓、觸犯道德底線，那就意味著被開除「士籍」。他的政治前途也將就此斷送——畢竟負責人事保舉、任免的官員，也往往是士民。所以，那些道德不佳的士民即便為了自身利益，也必須相當顧忌這種輿論監督，不敢公然有太出格的言行。

士民們對本朝法律實踐的影響，正在有條不紊地逐節展開。首先影響的是司法領域。過去法吏司法的理據，主要是律典的明文規定，其次是君主指令，再次可能是祖宗時代的某個判例，當然還有最後不便言說的君主的意志。

可是現在各級司法官的職位也普遍被士民占據。雖然聖宗從來沒有公開聲明，但是經典已經逐漸成為新的法律淵源。士民出任的司法官遇到法律適用的疑難問題，總是習慣性地從經典之中尋找更加終極的依據。如果經典與法律或君主指令相互衝突，士民們總會理所當然地認為堅持經典是一種正義的德行，而嚴格適用法律被認為不知變通、冷酷無情，曲從君主意志則是道德敗壞的表現。正像一句法律格言所說：「值得追隨的是道德，而非君主。」[25]道德外化載體的最高級，當然就是經典。

在這種情況下，一種援引經典裁判案件的司法技藝日益發達，這在後來被稱為「引經決獄」。就像前述君主不可能違律、只會破律一樣，引用經典裁決案件，也不被看作違法違律，而是捨棄了低位階的法律淵源、援引了高位階的法律淵源。何況，擁有更高技藝的士民法官們總會盡力彌縫律典與經典之間的差異。在一起成功的引經決獄的判例中，法官援引的律條與經義顯得渾然天成，甚至令人想不起這條法律在被經義解釋之前的原始含義。[26]

更加雄心勃勃的士民們不滿足於效率低下的個案個裁，開始系統注釋律典。到了本朝中後期，著名的律典注本已經有十幾種之多。這些注本無一例外運用經典義理對律典完成了新的詮釋。其中有些注本甚至被後來的君主明確賦予法律效力。[27]

更進一步，就是重新編纂律典的訴求了。在後世某位孱弱的君主在位期間，要求依據經典全面整頓本朝制度的呼聲一浪高過一浪。這一訴求遷延日久，並非遭遇了什麼外部阻力，完全是士民內部學派分爭的緣故。在大僭主之後的本朝第二期，當時的君主終於像憲宗一樣，委任一位宰相領銜的立法班子，制定了一部新的律典。不過與此前不同的是，新立法班子的成員都出自士民世家，無一例外。他們將數百年來司法實踐積累的大量慣例、原則乃至學說，融入律典之中。至此，經典對律典的涵攝基本告成。

新的律典之中，包含了大量優待士民的特權條款。君主要致一個士民於死地，需要越過重重阻力，包括：公然破壞律典的風險（注意，此時的律典由於蘊含經義，而具有了更高的法律權威）、士民群體的互相援救、司法官員基於士民價值觀的拒絕執行……所以，一般君主只會採用行政降級、免職、罰俸之類的方式，薄施小懲。可是士民反而會對君主的懲戒，予以更加激烈的回應。他們常常在遭受降級、罰俸的情況下，直接掛

25《荀子．子道》：「入孝出弟，人之小行也；上順下篤，人之中行也；從道不從君，從義不從父，人之大行也。」

26《論衡．程材》：「董仲舒表《春秋》之義，稽合於律，無乖異者。」

27《晉書．刑法志》：「後人生意，各為章句。叔孫宣、郭令卿、馬融、鄭玄諸儒章句十有餘家，家數十萬言。凡斷罪所當由用者，合二萬六千二百七十二條，七百七十三萬二千二百餘言……天子於是下詔，但用鄭氏章句，不得雜用餘家。」

冠而去，歸隱田園。如此剛直行為的背後，當然離不開三項支撐：一、士民透過種種特權積累的「田園」，保證了歸隱生活不至於過分困苦；二、律典的種種優待條款，使君主一般不會激於憤怒痛下殺手；三、其他士民一定會採取種種方式加以援助，甚至幫助其東山再起。

在此背景下，新的君臣倫理觀正在形成。正如當時一位學者在著述中說：「君臣之間，憑藉價值觀互相吸引。如果君主符合預期的價值觀，臣子就出仕；如果君主黑化了，臣子就離去。去就之間，沒有什麼好留戀的。」[28] 聯想到太祖朝，君臣之間還完全是軍事首領與部下的相處模式，不僅令人慨歎世事變遷之劇烈。

當然，這些都是後話。聖宗本人雄才大略，對士民有著絕對的控制力。不過他不可能料想到，他親手打開的潘朵拉魔盒，將會在以後的漫長歲月中，逐漸重塑本朝業已形成的所有法源，將之調適出一個更富魅力的格局。（見圖五）

◆插曲：另一份來自海外的觀察記錄

現在我所踏足的，是一個享有五百年國祚的古老王朝。眼下這個王朝雖然垂垂老矣，但誰也無法保證它會不會創造新的奇蹟。我謹忠實記錄我的見聞，供我的祖國的女王與貴族們開闊眼界。

……（中略）

至於法律方面，也許要令讀者掃興。這個王朝的法律數量之少，與其文明之偉大極不相稱。在這些法律的正中，雄踞著一部被稱為「律」的法典。這部法典最突出的特點是合理、清晰、前

28 清呂留良《四書講義》云：「君臣以義合。合則為君臣，不合則可去。」（北京：中華書局，二〇一七年，第八〇三頁）

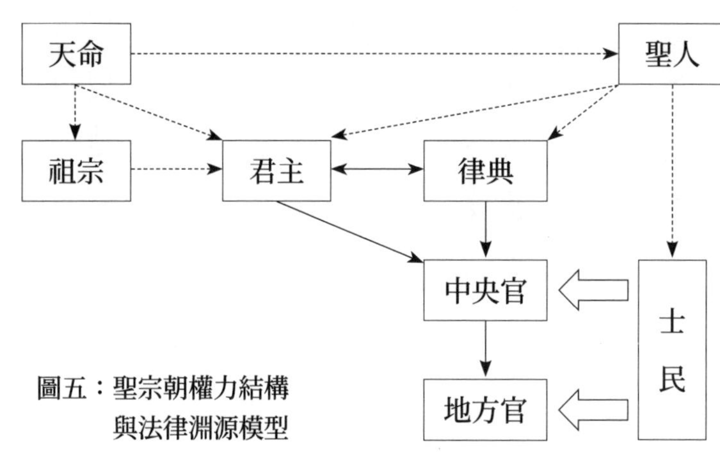

圖五：聖宗朝權力結構與法律淵源模型

後連貫——各種不同的條款都能簡明扼要，有條不紊，明白而有分寸。這裡看不到多數東方作品中的怪誕言詞，沒有迷信的胡言亂語、支離破碎的陳述……其他東方專制政體下的自我吹噓。不存在這些東西，只有冷靜、簡潔、明白無誤的一系列條文，貫穿著求實的判斷，並饒有我們西方法律的精神。[29]

除此之外，華朝就幾乎沒有像樣的法律可言了，尤其沒有任何約束君王胡作非為的、與我國《大憲章》類似的存在。當然，華朝顢頇自大的官僚們總是吹噓他們的優良治理並不需要法律。不過，隨著遊歷的深入，我逐漸發現，這個國家另有一些並不成文的「法律」。

請允許我先從一些看似無關的現象談起吧！說到華朝，我國那些從不邁出書齋半步的思想家們總是想當然地認為這裡有著全世界最專制的皇帝，這些皇帝高居雲端之上，不受任何制約、隨心所欲地行使他們無邊無際的權力。可實際上，我觀察發現，華朝的皇帝至少要在三個場合下跪行禮。

第一個場合是祭祀天地的典禮。華朝大有作為的皇帝會行使封天禪地的禮儀，在封禪之時需要向天地跪拜。當然封禪大典十分罕見，百年之內不超過一兩次。不過華朝首都建有天地日月壇。即便政績平庸的皇帝，也需要定期祭祀天地日月。在這些場合，皇帝均需低下不可一世的頭顱，向這些自然的存在恭敬履行跪拜大禮。

第二個場合是祭祀祖先的典禮。華人對於祖先，有著異乎尋常的虔誠，即便皇帝也不例外。與民間的祖先信仰相同，皇帝也要在相關節令祭拜祖先。在華朝首都建設有一座「太廟」，供奉著歷朝的祖宗。現任皇帝畢恭畢敬地跪在蒲團上，向他的前任們恭行三拜九叩的大禮。

第三個場合是祭祀聖師的典禮。從華朝第五任君主開始，聖師就取得了異乎尋常的地位。經聖師整理的經典，在華朝扮演著類似於我國基本法的角色，得到其信徒的自覺維持。一個並無神蹟的學者，在死後數百年，竟然成為新的王朝的立法者，這是華朝法

29〔英〕傑弗里：《大清律例評論》，載《愛丁堡評論》，轉引自李秀清《中法西繹：〈中國叢報〉與十九世紀西方人的中國法律觀》附錄一，上海：生活·讀書·新知三聯書店，二〇一五年，第一三六頁。

律現象中最令外國人感到費解的一點。大約從華朝第七任君主開始，就將對聖師的祭祀納入國家例行典禮。供奉聖師的廟被稱為「文廟」，大約是「文化之神的廟宇」之意。無論君主還是官員，進入文廟區域都要下馬下轎，參見聖師塑像都要下跪行禮。

自然的天地、血緣的祖先、文化的聖師，這大概就是華朝法律高於君主的三大基本淵源了。[30]這裡的民間家家戶戶供著一塊「天地君親師」的牌位。對於普通民眾來講，天地、君主、祖先、師父就是指導言行的四大規範來源。

那麼，天地、祖先、聖師，誰的地位更加崇高？誰的影響力更加深遠？從表面上看，當然是天地。因為在信徒們的敘述中，即便聖師也是從上天獲取合法性來源的。不過，早在華朝第一期，聖師的信徒們就已經掌握了對祥瑞、災異的解釋權。到了華朝第二期，隨著科技的發展，天地災異早就已經可以準確預測，顯得不足為奇。聖師的信徒們也把「天」解釋成「理」，從而與經典的義理合二為一了（實質上是經典吸納了上天的合法性）。[31]

就我淺薄的觀察，聖師的影響力遠出天地、祖先之上。這可以從兩方面加以說明。

首先，聖師的廟宇數量，遠遠超過天地與皇帝的祖先的祭祀場所數量。皇帝日常祭祀天地的場所，都在首都（濱海的大山之巔也有一處，僅用來行封禪大禮）。皇帝的祖先則供奉在太廟，太廟位於首都宮殿的東部。也就是說，全國除了首都，沒有天地日月壇場和太廟；除了皇帝，沒人可以祭祀天地或皇帝本人的祖先。可是聖師的廟宇就不同了。全國有多少個縣，就至少有多少座文廟。不僅皇帝、州長、縣長可以祭祀文廟，普通民眾也隨時可以進出參拜。就我所知，華朝讀書人在考試前夕，就有祭祀文廟、祈禱好運的習俗。所以，天地、祖先僅僅影響於宮廷，而聖師的影響則周普天下。

30《荀子．禮論》：「禮有三本：天地者，生之本也；先祖者，類之本也；君師者，治之本也。」其中包括「君」，與正文表述微有不同。近代新儒家唐君毅先生從祭祀禮儀出發，將「禮三本」總結為「存三祭」，分別是祭天地、祭祖宗、祭聖賢，既是君主制推翻後的與時俱進，也更符合儒家理論的精義。參見唐氏著《生命存在與心靈境界》，北京：中國社會科學出版社，二〇〇六年，第五一九頁。

31《二程遺書》卷十一：「天者，理也。」（上海：上海古籍出版社，二〇〇〇年，第一七八頁）這個觀念是宋代理學的共識。

其次，歷朝都有輕視天地、祖先的話語，可是從來沒有人敢挑釁聖師與經典的地位。在華朝第二期，曾有一個鐵腕的改革家，想要透過一場徹底的變革，清洗王朝的積弊。他公然喊出這樣的口號：「上天的災異不值得畏懼，祖宗的規矩不值得沿襲，民眾的輿論不值得擔憂。」[32]即便狂妄如此，他也絕不敢觸碰聖師的權威，而只敢對經典重新做出對其改革有利的詮釋。[33]

至於經典與律令的關係，華朝學者、官員都看得清清楚楚。有一位華朝學者說：「我國法律的源頭，絕不是憲宗頒布的律典，也不是更早的其他法典，而是經典的義理。」[34]到了最近這個時期，華朝的法律制度開始根本性的變革，皇帝的詔書仍然說：「經義必須萬古永恆，法律卻不能一成不變。」[35]由此不難看出，律令的地位遠遠低於經典。

所以，請回到我開篇的判斷。我國的法律人士們常常對華朝法律嗤之以鼻，那是因為他們僅僅看到了律典。可是須知，那是華朝法律之中也許最微不足道的一部分。他們又看到，現任君主常常不依照律典行事，於是認為華朝的政體專制得無以復加。可是我在此提醒，觀察者們應當睜開雙眼，看到律典與君主背後更加深廣的法律世界。在那裡，天地、祖先，尤其是聖師及其經典，不僅為律典的修訂提供源源不絕的能量，甚至約束著現任君主，使其不可能像我國歷史上那些無法無天的暴君那樣為所欲為。

最後，讓我簡單歸納我所觀察到的華朝的法律淵源。對君主構成約束的有三項高級法源，分別是：天象的災異譴告、祖宗之法、聖師的經典義理。對官員或民眾構成約束的有四項法源，依照權威程度依次降序：聖師的經典義理、律典、現任君主的指令、上級官員的指令。不過，根據特別法優先適用的原則，在現實中，許多缺乏良知與法律素養的官員心目中的實際排序卻是倒序的：上級指令、君主指令、律典、經典義理。

32《宋史．王安石傳》：「天變不足畏，祖宗不足法，人言不足恤。」

33《宋史．王安石傳》：「安石訓釋《詩》《書》《周禮》，既成，頒之學官，天下號曰『新義』。」

34 蔣楷《經義亭疑》：「世之言律者曰始於蕭何，是知河有積石，不知有星宿海也。或以為始於李悝，是知河有星宿海，而不知星宿海之西尚有兩源也。然則律之昆侖墟，其惟經義乎？」（國家圖書館藏宣統二年濟南刊本）。

35 清末變法上諭：「世有萬古不易之常經，無一成不變之治法。」

◆第N個君主：華朝後期的法律往事

同樣是在聖宗的時代，與士民階層日益膨脹相伴隨而生的，還有另一個影響華朝法律史的進程：君主專制程度日益加強。

聖宗為了防止士民階層將君主指令擱置一旁、自行其是，任命了大量監察官。這些監察官不僅嚴密監視中央官員的一舉一動，看其是否合法，而且周流於全國，監察地方行政。

監察官們大多是考試選拔出的士民。他們年紀輕輕、職級較低，還沒有沾染上官官相護的習氣。不過他們權力卻很大，有權監督檢舉宰相級別的高官。經他們監督檢舉而落馬的官員級別越高，他們的績效也就越優，所以個個幹勁十足。

監察官工作的依據主要是本朝細密的治吏法規。這些法規在律典之中，只有十分粗疏的幾個條款，不過卻另外頒有大量的單行法令、條例。可以說，到了本朝後期，任何官員一舉手一投足之間，都有可能觸碰法網。[36] 如果某個官員遇到某種具體境況，嚴格按照法律行事反而可能造成對國家、民眾不利的結果；按照經典義理權宜處理，則可能收到良好的效果——在聖宗時代，官員們常常會選擇引經決獄。可是到了本朝後期，官員在法律之外引經決獄雖然不能說是違法行為，但必須接受監察官的糾察、彈劾、停職調查以及可能的處罰。而嚴格按照法律辦事，即便出現了糟糕的結果，官員們也無須承擔負面的責任，頂多不能享受正向的激勵而已。利害相權之下，官員們往往選擇依法辦事，經典義理發揮作用的空間越來越小。這就是王朝後期的「法治」現象。與「法治」相伴而生的就是嚴重的形式主義、文牘主義、程序主義……[37]

36《葉適集》：「內外上下，一事之小，一罪之微，皆先有法以待之。」（北京：中華書局，一九六一年，第七六七頁）

37《陳亮集》卷十一〈人法〉：「漢，任人者也；唐，人法並行者也；本朝，任法者也。」（北京：中華書局，一九八七年，第一二四頁）陳亮描述的其實是中國帝制時代治理風格的整體變化趨勢。又錢穆嘗云：「中國重法治，西方重人治」，也是在這個意義上說的。中國帝制王朝後期，官員、學者們屢屢提出「尚人」的主張，其實是希望限制君主的集權程度，增重官員的自由裁量權。（參見《政學私言．人治與法治》，北京：九州出版社，二〇一〇年，第七六—八八頁）

君主樂於放任這種法律的煩瑣趨勢。法律越煩瑣，士民出任的官員們就只能戴著枷鎖跳舞，自身尚且難保，更沒有空暇對國家大政方針指手畫腳了。如果還有極少數官員敢於抨擊時政，那就啟動龐大細密的監察網絡，對此人展開地毯式調查，將之打為階下的囚徒。

更何況，煩瑣法律的製造者正是君主本人。按照聖師的教訓，法令應當簡明。法律制度的煩瑣細密，是國家即將滅亡的徵兆。不過對於君主而言，法律越簡，就意味著給官員們的自由裁量權越大——換言之，君主對一項具體事務的影響力就越小。唯有把君主的每一個具體意志都上升為法令，才能捆住士民官員的手腳，讓他們徹底淪為執行的機器。[38]

君主將一項大政拆解成具體指標，分配到各個大區，再透過政治高壓監督執行；大區將領到的指標細化拆解，分配到各個州縣，再透過政治高壓監督執行。基層的州縣拆解分配給誰呢？當然只能是民眾。[39]可是州縣官員既要應付上面各級的突擊檢查、數據彙報、日常監督，還要迎來送往、打點關係，又對毫無裁量空間、無從發揮才能的細瑣政務提不起興趣，更由於知識結構和精力的局限未能嫻熟掌握細密的法令條例。於是一個新的群體就應運而生了，他們就是胥吏。

胥吏是基層官府僱傭的低級工作人員，自太祖開國以來便已存在。不過，本朝初年，官員們自由裁量權力很大，也有相當濃厚的治理興趣——軍功階層、宗法領袖是為了擴大自身利益與影響力，許多士民官員是為了給自己的信仰理想一個實踐的機會——所以胥吏完全只有打下手的份兒。聖宗時代開始，胥吏在基層官府中的比例潛滋暗長，到了王朝末年，則爆發性增長。他們成為在法律末梢實際執法的人。[40]

胥吏品級低下（嚴格地說，並無品級），所以士民根本不屑出任。擔任胥吏的人，來源很雜，並沒有士民階層那樣穩定的理想價值，又沒有暢通的升遷渠道，所以只能利

38《日知錄》卷九「守令」條：「後世有不善治者出焉，盡天下一切之權而收之在上，而萬幾之廣，固非一人之所能操也，而權乃移於法，於是多為之法以禁防之。」

39《鹽鐵論．疾貪》：「上府下求之縣，縣求之鄉，鄉安取之哉？」

40《日知錄》卷八「都令史」條：「胥史之權所以日重而不可拔者，任法之弊使之然也。」

用職權牟利而已。[41]在王朝末年，有一位官員曾經感嘆：「華朝最大的弊端，就是例、吏、利！」[42]他巧妙運用諧音所說的三個現象，就是細密的條例，刁滑的胥吏，權力尋租滋生的非法利益。

從聖宗時代開始，隨著引禮入法運動的開展，律典日趨精美完善；而與之共生的情況則是，高度集權的君主專制、密不透風的監察網絡、城狐社鼠的胥吏政治，共同侵蝕著政體，使之日益敗壞。（見圖六）

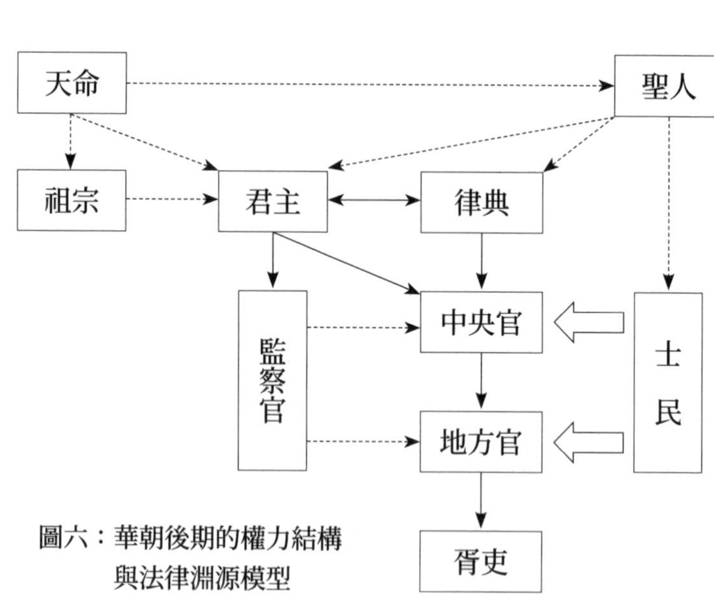

圖六：華朝後期的權力結構
與法律淵源模型

◆最後一個君主：末帝朝的法律往事

君主專制集權程度提升，造成更高級法源的逆縮。雖然在華朝，君主之上還有天命、祖宗、聖師三個更高的法律淵源，可是這三大法源在不同歷史時期曾經能夠發揮巨大的作用，取決於時代的因緣際會、社會勢力的此起彼伏、制度的草創未艾以及君主本人的良好修養。一旦時代塵埃落定、社會勢力一方獨大、制度圓滿爛熟、君主不再有耐心和雅量，那麼各大法源均呈現嚴重的逆縮現象。

簡言之，華朝並沒有對君主權力的剛性約束機制。君主始終是最現實、最強的支配。他必將追求自身權力的強化。有利於君權的法源，不斷加強；不利於君權的法源，不斷

41《日知錄》卷八「銓選之害」條：「法可知，而例不可知。吏胥得操其兩可之權，以市於下。世世相傳，而雖以朝廷之力不能拔而去之。」

42 清陸隴其：「本朝大弊只三字：例、吏、利。」參見徐珂編撰《清稗類鈔》，北京：中華書局，一九八四年，第五二五〇頁。

逆縮。

末帝登基之時，他的列祖列宗已經幫他鋪平了專制集權的制度之路。儘管他只是個資質平庸的人物，但是即位之始就已經掌握此前無數老於權謀的帝王費盡心機也無從夢想的巨大權力。

天命的逆縮是很久以前的事情。自從大僭主假借天命，偽造祥瑞論證自己的合法性以後，華朝第二期的君主們就對天命非常警惕。中興的世祖皇帝雖然也利用天命打敗了大僭主，但他即位之後立刻封印了這個潘朵拉的魔盒。他下詔嚴禁民間私自研究、觀察天文，嚴禁民間製作、傳播政治預言。就在那個時期，探測天象的技術獲得長足發展。過去被看作「災異」的地震、日食，都已經可以得到準確的預測和科學的解釋。後來的君主們在「罪己詔」中，仍然會借天象異常的契機承認錯誤，不過那都只是官樣文章罷了。除了愚夫愚婦，根本沒人相信二者之間的聯繫。正如前文所述，「天命」逐漸被經典的義理吸收了。

祖宗則成為君主的私家禁臠。華朝第二期的世祖皇帝辭世之際，擔心繼承人年幼，權柄會被士民階層所竊取，所以乾脆以成文的方式明列了一系列的規矩。這些規矩結集成書，題為《王朝祖訓》。《祖訓》的扉頁，白紙黑字寫著：「我所立下的規矩，我所制定的律典，一個字也不允許修改。有違反者，君主喪失合法性，臣民處以極刑。」[43]這一做法杜絕了祖宗之法被解釋、被利用的可能性，明確宣告天下是某姓君主世代相傳的家產。這樣的祖宗之法也就淪為君主「私天下」的一家之法，再也不具有公共的價值。祖宗設置法度的動機既然得不到同情，後世君主對祖宗之法的破壞自然也就並不遭到多少阻力。[44]

聖師的道統，則被君主的政統強力地化合了。華朝第二期的厲宗皇帝興起了好幾宗大獄，殺死了一大批嘗試用經義非議時政的士民官員。剩下的士民官員迅速分化。較有良知的一撥，埋頭鑽進故紙堆，悉心整理考訂經典。他們這項工作，實際上是在為下一

43《皇明祖訓序》：「凡我子孫，欽承朕命，毋作聰明，亂我已成之法，一字不可改易。」（《洪武御制全書》，合肥：黃山書社，一九九五年，第三八七頁）

44《明夷待訪錄・原法》：「夫非法之法，前王不勝其利欲之私以創之，後王或不勝利欲之私以壞之。」

個王朝準備一部文字可靠的基本法。剩下趨炎附勢的一撥，則乾脆向君主獻媚求寵。厲宗死後，高宗即位。高宗與他的父親一樣，對不合作的士民忌刻不已，但是表面卻採取了優容獻媚求寵的士民的措施，並且興起宏大的文化事業，允許鑽故紙堆的士民沉浸其中。不合作的士民逐漸絕跡，鑽故紙堆的士民玩物喪志，獻媚求寵的士民則拍出了最肉麻的馬屁。他們說：「聖師之前，每一個聖人同時都是君主；從聖師開始，聖人與君主再也難以合一；可是現在情況不一樣了，當今皇帝既是聖人又是君主，這是黃金王朝才得一見的『聖王』！這預示著下一個黃金王朝又即將開始！」[45]

高宗皇帝接受了這個敘事，照例舉行封天禪地的大典禮，請求已經沒人相信的上天，重新降下黃金王朝的祥瑞與福祚。可是祥瑞與福祚遲遲沒有降下，災異與禍殃卻接連不斷。在這樣的背景下，末帝登基。他手握列祖列宗精心鍛造的世上最鋒利的太阿寶劍，卻不知砍向何方。

就在末帝視力所不及處，天命已經悄然轉移，聖師的信徒們苦苦守護著精心修復的經典，翹首以盼。民間草莽之中，以成為新王朝的祖宗為目標的逐鹿者們，耐心伺望著時機，蓄勢待發。

45 李光地《進讀書筆錄及論說序記雜文序》，「道統之與治統，古者出於一，後世出於二」，「至我皇上，又五百歲，應王者之期，躬聖賢之學」，「皇上非漢唐以下之學，唐虞三代之學也。臣之學，則仰體皇上之學也」。轉引自李啟成《中國法律史講義》，北京：北京大學出版社，二〇一八年，第二八頁注釋六。李啟成說：「我以為這段文字在中國政法思想史上意義重大，即儒家士大夫主動向政治權威交出了自己據以批評政治和社會的思想資源。」

書成自記

◆一

我讀書一貫有恆。可是在邁向四十歲的門檻時，忽然張皇失措，許多書竟然讀了一半就拋下了。這在以前，是從來沒有的事。

我盤點今年下半年未讀完的書：束景南《陽明大傳》讀了上、中冊，剩下冊；費孝通《鄉土中國·生育制度·鄉土重建》讀了兩種「鄉土」，剩〈生育制度〉；G·哈特費爾德《笛卡爾的〈第一哲學的沉思〉》與笛卡爾《第一哲學沉思集》配合閱讀，雙雙中殂；黃文捷譯《神曲》讀完了〈地獄篇〉〈煉獄篇〉，竟在〈天堂篇〉前反覆徘徊，終究未能踏上通往天國之路。這是怎麼回事？

但丁在《神曲》開篇，也表達過類似中年危機的感受：

我走過我們人生的一半旅程，
卻又步入一片幽暗的森林，
這是因為我迷失了正確的路徑。[46]

按照孔孟的人生經驗，此時需要「四十不惑」「四十不動心」。「惑」，從構字來看，是心存或然之想。「不惑」應該是指不再心存僥倖，踏踏實實走認準的正道，君子居易以俟命。

可是我還不甘心認命，我還心存僥倖。我看著四壁的新書，覺得自己還有胃口把它們讀完。我不想太早地「八部書外皆狗屁」，只好狼吞虎嚥地「殺書頭」——可是望四之人，怎麼可能還有那麼好的胃口？胃小嘴巴大才是實情。

維吉爾在身後恭送，貝阿特麗切在天國門口招手[47]，我卻只想臨陣脫逃。不知為什麼，我忽然特別懷念地獄入口那個叫作「林勃」[48]的地方。

林勃是地獄的第一環，這裡有嫩綠的草地、靜謐的氛圍。荷馬、蘇格拉底、柏拉圖、亞里斯多德、芝諾、歐幾里得等偉大的靈魂都聚集於此。他們的罪過是出生在耶穌之前，所以一生的思索與探求都偏離了宗教規定的正確軌道。

今年忽然有很多人來催我評職稱，也有很多人向我伸出種種橄欖枝。四十歲的門檻上，機會紛至沓來。那扇只待輕輕推開的窄門，難以掩住耀眼的天國光芒。我卻想起我的「林勃」，那是未經學術訓練、不知學術規範之前的野蠻思考。那些思考，以今天的眼光來看，荒誕無稽，可是換一副心腸去看，卻又有趣可愛。

我拾起其中一個想法，嘗試寫成這冊小書。

◆二

「假如『洞穴奇案』發生在中國古代，會得到怎樣的審判？」

46〔義大利〕但丁：《神曲・地獄篇》，黃文捷譯，南京：譯林出版社，二〇二一年，第三頁。
47 編按：維吉爾是《神曲》中帶領但丁穿越地獄與煉獄的古羅馬詩人；貝阿特麗切是《神曲》中但丁的嚮導。
48 編按：又譯作「靈薄獄」。

這是我在本科提出的問題。讀研以後，我意識到這是一個難以獲得有效驗證的奇思怪想，便像切割贅瘤一樣，把它清除掉了。

可是創口還在，還會時不時發作。二〇一八年九月十四日，江帆教授主持的西政「草街讀書會」邀請我做一次講座。當時我那本研究「漢代集議制」的書剛出版，便以此為講座內容。為了吸引眼球，我把講座題目取為《假如「洞穴奇案」發生在漢朝》，以「洞穴奇案」為引，講述漢朝的集議程序。

在講座評議階段，朱林方做了謔而不虐的尖銳點評。

他指出我在講述「洞穴奇案」案情時的許多疏失，並進而表達失望，「我第一次看到這個題目的時候，以為是一個思想實驗，所以才來的，但是我今天並沒有看到一個思想實驗」，「第二個方面是我沒有看到漢代集議的法理，他只告訴了我們法理的形式，卻沒有告訴我們內容，這是我覺得在這個講座中沒有被滿足的一個部分」。[49]

朱林方的點評，對我觸動很大。我既為讀書不細而羞慚，又深感自己既往的研究手段過於單一。過去，我常用「考證」的歷史研究方法，所以恪守方法的有效邊界，不敢越雷池一步。講座中，我用假設的方法，引入「洞穴奇案」作為素材，自己覺得已經非常大膽了。可是在法理學者眼中，卻盡顯拘泥保守。我當時暗下決心，既要認真重讀《洞穴奇案》，捕捉更多案情細節，深入理解其內蘊；也要嘗試直搗黃龍，對「假如洞穴奇案發生在中國古代」這一問題給出法理層面的直接回應。

二〇二一年以來，我結識了法理學新進教師孫少石，旁聽了他的《社科法學導讀》課程。作為回報，他回聽了我的《中華法系》課程。有了朱林方的前車之鑒，為了多少滿足這位法理學者的期望，我在那年秋季《中華法系》課程中增設了「洞穴公案：中華法系的思想實驗」專題，迄今不輟。[50]

一學期的互相旁聽，令我獲益匪淺，也終於嘗試從純粹考證的故紙堆中走出，豐

49 參見「草街讀書會」微信公眾號二〇一八年九月二十三日推文《「草街讀書會」講座錄音稿 秦濤：假如「洞穴奇案」發生在漢朝（下）》。

50 本書的初稿就是在那些課程的講授過程中逐漸完善的。作為課程考核，我多次要求學生給該專題挑毛病。其中一些成果，已經吸收進本書。在此必須感謝所有聽過課的同學！

富自己的研究手段。到這個時候，我才發現：本科時的提問未必不符合學術規範，而只是我自己的眼界與方法過於局限。此外，孫少石還嫌棄法律史有太多「黏糊糊的經驗材料」，令法理學者很不耐煩。他問我能否進一步做提純工作。例如有一次課後，他驚問我：類似「神道設教」這樣意涵豐富的詞語，為何不將之概念化？我當時的回應，雖然以「黏糊糊」為傲，聲稱這才是法律史的意義所在，不過私心卻滋生了「對話」的興趣。[51]這才進一步有了「華朝法律往事」的構思。

◆三

曾國藩云：「師友夾持，雖懦夫亦有立志。」[52]除了上述學友，我在四十歲前成長的道路上還遇到三位可貴的人師，他們是恩師龍大軒教授、師爺俞榮根教授、私淑徐世虹教授。龍老師令我得識學問之趣，俞老師令我得窺學問之大，徐老師令我得見學問之純。

我在博士畢業前後，自認為受俞老師、徐老師影響很深。可是豆瓣一則短評卻說我的博士論文「研究風格非常像龍氏」。今夏赴華政參加一次學術會議，王捷師兄也點評我的論文最大特點是「有趣」。我回憶起讀研時初見龍老師，老師詢以所讀何書。我吹了許多牛後，又懊喪地說：中小學時讀了很多評書話本、章回小說，今天看來完全是浪費時間。龍老師意味深長地說：「自己的喜好不要放棄，自己的長處應當珍惜。」

現在我理解了。

歷史學者陳侃理先生在一次訪談中說：「技術提供的便利主要在於資料搜集整理。一旦人人都能做到窮盡資料，真正有意義的工作就集中到了那些只有『人』才能完成的工作，特別是只有『你』才能完成的工作。」[53]在掌握了最基本的學術規範之後，學術

51 附上我們當時的對話記錄，以見兩種學問的觀念碰撞與融合的可能性。孫：「您把『神道設教』搞一搞，放在國家治理的制度邏輯的大框框裡，很合適的。」秦：「這個搞不出來。除了能力欠缺，也有歷史學訓練的自律在內。講課可以這樣講，但學術研究一定會把一個有希望概念化的東西，消解在時間序列之中。換言之，歷史學其實是反概念的。」孫：「您換個角度想想這個問題嘛！您是搞社會學的，歷史只是您的田野。」

52 《曾國藩全集・家書（一）》，長沙：岳麓書社，一九八五年，第三四頁。

研究就應當是高度個性化的。人生在世，與其逐隊隨人、甘為牛後，何如從個人的興趣出發，憑藉這麼多年積累於身的種種雜異資源，完成只有「我」才能完成的工作？

無論如何，「趣」才是學問之途永不匱竭的源動力。過去我的普及文章與學術論著，大多分而治之。這本小書，算是寫有趣的學術論著的第一個嘗試。

◆四

當年賜予我源動力的恩師，而今兩鬢斑白，即將迎來六十大壽。我有心將此書獻給恩師，作為壽誕獻禮。可是龍老師早已在《儒日中天：漢武帝的輝煌》自序中預先拒絕：

> 文人雅士多愛在序言中申明，自己為啥要寫此書，或曰要獻給某某某某。動輒號稱要獻書的搞法，我覺得有點像「麻雀鬧林——假假假」。書是自個兒寫的，再怎麼獻，那也是「富貴不能淫，貧賤不能移」。賺錢、賠錢都是你自己的事，著作權是不會發生轉移的，頂多不過簽個名、送上一本，虛晃一槍罷了。[54]

謹遵師訓，這本書不便獻給他老人家，頂多壽禮那天「簽個名、送上一本」吧。既然獻不出去，那就謹以此書獻給我自己四十歲之前的人生。我已並不打算踏足別人為我指引的天國了。

有趣就是我的動力，林勃就是我的天國。

秦濤

二〇二四年一月九日

鍵於渝園五斗齋

53 復旦大學出土文獻與古文字研究中心編：《日就月將：出土文獻與古文字研究青年學者訪談錄》，上海：中西書局，二〇二二年，第一九八頁。

54 龍大軒：《儒日中天——漢武帝的輝煌》，北京：中國民主法制出版社，二〇一四年，自序第一頁。

洞穴公案

作　　者　秦　濤
責任編輯　何維民
國際版權　吳玲緯　楊　靜
行　　銷　闕志勳　吳宇軒　余一霞
業　　務　李再星　李振東　陳美燕
副總經理　何維民
編輯總監　劉麗真
事業群總經理　謝至平
發 行 人　何飛鵬

出　　版

麥田出版
11563台北市南港區昆陽街16號4樓
電話：02-25000888　傳真：02-25001951

發　　行

英屬蓋曼群島商家庭傳媒股份有限公司城邦分公司
11563台北市南港區昆陽街16號8樓
網址：http://www.cite.com.tw
客服專線：(02) 2500-7718; 2500-7719
24小時傳真專線：(02) 2500-1990; 2500-1991
服務時間：週一至週五09:30-12:00；13:30-17:00
劃撥帳號：19863813　戶名：書虫股份有限公司
讀者服務信箱：service@readingclub.com.tw
城邦網址：http://www.cite.com.tw
麥田出版臉書：http://www.facebook.com/RyeField.Cite/

香港發行所

城邦（香港）出版集團有限公司
香港九龍土瓜灣土瓜灣道86號順聯工業大廈6樓A室
電話：+852-2508-6231　傳真：+852-2578-9337

馬新發行所

城邦（馬新）出版集團【Cite(M) Sdn. Bhd. (458372U)】
41, Jalan Radin Anum, Bandar Baru Sri Petaling,
57000 Kuala Lumpur, Malaysia.
電話：+603-9056-3833　傳真：+603-9057-6622
電郵：services@cite.my

洞穴公案／秦濤著.
－初版.－臺北市：麥田出版：英屬蓋曼群島商家庭傳媒股份有限公司城邦分公司發行，2024.12
面；　公分
ISBN 978-626-310-780-9（平裝）
1.CST: 法律思想史 2.CST: 法律哲學 3.CST: 中國
580.192　113015515

封面設計　兒日工作室
內文排版　黃暐鵬
印　　刷　前進彩藝有限公司
初版一刷　2024年12月

本書若有缺頁、破損、裝訂錯誤，
請寄回更換。
定　　價　新台幣380元
I S B N　978-626-310-780-9